I0131297

Lilia Ziane Khodja

Résolution de systèmes linéaires et non linéaires sur grappes de GPUs

Lilia Ziane Khodja

Résolution de systèmes linéaires et non linéaires sur grappes de GPUs

Mise en œuvre de méthodes itératives parallèles sur les GPUs

Presses Académiques Francophones

Impressum / Mentions légales
Bibliografische Information der Deutschen Nationalbibliothek: Die Deutsche
Nationalbibliothek verzeichnet diese Publikation in der Deutschen Nationalbibliografie;
detaillierte bibliografische Daten sind im Internet über http://dnb.d-nb.de abrufbar.
Alle in diesem Buch genannten Marken und Produktnamen unterliegen warenzeichen-,
marken- oder patentrechtlichem Schutz bzw. sind Warenzeichen oder eingetragene
Warenzeichen der jeweiligen Inhaber. Die Wiedergabe von Marken, Produktnamen,
Gebrauchsnamen, Handelsnamen, Warenbezeichnungen u.s.w. in diesem Werk berechtigt
auch ohne besondere Kennzeichnung nicht zu der Annahme, dass solche Namen im Sinne
der Warenzeichen- und Markenschutzgesetzgebung als frei zu betrachten wären und
daher von jedermann benutzt werden dürften.

Information bibliographique publiée par la Deutsche Nationalbibliothek: La Deutsche
Nationalbibliothek inscrit cette publication à la Deutsche Nationalbibliografie; des
données bibliographiques détaillées sont disponibles sur internet à l'adresse http://dnb.d-
nb.de.
Toutes marques et noms de produits mentionnés dans ce livre demeurent sous la
protection des marques, des marques déposées et des brevets, et sont des marques ou des
marques déposées de leurs détenteurs respectifs. L'utilisation des marques, noms de
produits, noms communs, noms commerciaux, descriptions de produits, etc, même sans
qu'ils soient mentionnés de façon particulière dans ce livre ne signifie en aucune façon que
ces noms peuvent être utilisés sans restriction à l'égard de la législation pour la protection
des marques et des marques déposées et pourraient donc être utilisés par quiconque.

Coverbild / Photo de couverture: www.ingimage.com

Verlag / Editeur:
Presses Académiques Francophones
ist ein Imprint der / est une marque déposée de
OmniScriptum GmbH & Co. KG
Heinrich-Böcking-Str. 6-8, 66121 Saarbrücken, Deutschland / Allemagne
Email: info@presses-academiques.com

Herstellung: siehe letzte Seite /
Impression: voir la dernière page
ISBN: 978-3-8416-2462-8

Copyright / Droit d'auteur © 2013 OmniScriptum GmbH & Co. KG
Alle Rechte vorbehalten. / Tous droits réservés. Saarbrücken 2013

Table des matières

Table des figures

Liste des tableaux

Liste des Algorithmes

Remerciements

A l'issue de ce travail, je tiens à exprimer toute ma gratitude à l'ensemble des personnes qui ont contribué, chacune à sa manière, à l'accomplissement de ce livre.

Je tiens à exprimer mes plus vifs remerciements à mes Directeurs Raphaël Couturier et Jacques Bahi. Les mots me manquent pour exprimer ma gratitude. Leurs compétences, leurs rigueurs scientifiques et leurs clairvoyances m'ont beaucoup appris. Je les remercie pour leurs encadrements et conseils avisés qu'ils ont su me prodiguer tout au long de ces trois années et aussi pour leurs qualités humaines chaleureuses, et surtout pour la confiance qu'ils m'ont accordée.

Je remercie vivement Pierre Spitéri, Professeur à l'IRIT-ENSEEIHT, et Ming Chau, Ingénieur-Chercheur à ASA de Toulouse, pour leur collaboration dans mes travaux de recherche. Je souhaite néanmoins remercier plus particulièrement Pierre pour son indéfectible soutien et encouragements aussi bien sur le plan humain que scientifique.

J'adresse également mes sincères remerciements à Jens Gustetd, Directeur de Recherche Inria Lorraine, et Frédéric Magoulès, Professeur à l'École Centrale de Paris, pour m'avoir fait l'honneur d'accepter d'être rapporteurs de cet ouvrage. Je voudrais aussi remercier Pierre-Cyrille Heam, Professeur à l'Université de Franche-Comté, qui m'a fait l'honneur de présider le jury de ce travail.

J'adresse mes vifs remerciements à la Région de Franche-Comté qui a financé ce travail.

Ma reconnaissance et mes remerciements vont aux membres de l'équipe AND (Algorithmique Numérique et Distribuée) pour le climat sympathique et chaleureux dans lequel il m'ont permis de travailler. Merci donc à Bassam Alkindy, Jean-Claude Charr, Jean-François Couchot, Karine Deschinkel, Huu Quan Do, Stéphane Domas, Nicolas Friot, Arnaud Giersch, Christophe Guyeux, Mourad Hakem, Ali Kadhum Idrees, David Laiyamani, Abdallah Makhoul, Ahmed Mostefaoui, Gilles Perrot et Michel Salomon. Je voudrais aussi exprimer mes remerciements et amitiés à Fabrice Ambert, Jean-Luc Anthoine, Ingrid Couturier, Béatrice Domenge, Kamel Mazouzi et Patricia Py pour leur bonne humeur et leur disponibilité.

Avant de terminer, je tiens à remercier notamment mes chers amis : Marie-Antoinette et David Jamin, Cécile et Alain Mignot, Sébastien Miquée et Maria Delia Valera Castro qui ont partagé mes espoirs et mes inquiétudes, qui m'ont réconfortée dans les moments difficiles et avec

11

qui j'ai partagé d'inoubliables moments de détente. Je vous remercie tous chaleureusement.

Enfin, les mots les plus simples étant les plus forts, j'adresse toute mon affection à ma famille et, en particulier, à mes parents pour leurs soutien et encouragements au cours de ces longues années d'études. Malgré les milliers de kilomètres qui nous séparent, leur amour, leur tendresse et leur confiance me portent et me guident tous les jours. Merci, Maman, Papa, pour avoir fait de moi ce que je suis aujourd'hui.

Le jour où, placée devant le problème de la ré-solution d'une équation $x = g(x)$ une machine, sans aide apparente ou cachée de son cornac, sera parvenue à l'idée de former la suite x_0, $x_1 = g(x_0)$, $x_2 = g(x_1)$, etc. Je ne serai pas loin de penser, moi aussi, à la possibilité de faire "penser" les ordinateurs.

Jean Dieudonné

Introduction

L ES systèmes d'équations linéaires ou non linéaires creux de très grandes tailles apparaissent souvent au cœur des simulations numériques scientifiques ou industrielles. Ils permettent de modéliser de nombreux problèmes complexes dans différents domaines, tels que la biologie, la finance, la physique ou la climatologie. Cependant, la résolution de ce type de systèmes est un processus très coûteux en termes de temps d'exécution et de consommation d'espace mémoire. En effet, les systèmes linéaires ou non linéaires traités par ces applications sont de très grandes tailles et possèdent beaucoup de coefficients nuls, et cet aspect creux engendre des accès irréguliers à la mémoire pour la lecture des coefficients non nuls.

Il existe dans le jargon de l'analyse numérique différentes méthodes de résolution qui peuvent être classées en deux grandes familles : directes et itératives. Cependant, le choix d'une méthode est généralement guidé par les propriétés du système à résoudre, la précision de calcul et la vitesse de résolution souhaitées. Les méthodes directes ont souvent été préférées aux méthodes itératives, en raison de leur robustesse et de leur comportement prévisible. Cependant, depuis les années quatre vingt, les méthodes itératives ont rapidement gagné en popularité dans de nombreux domaines du calcul scientifique. Ceci est dû en grande partie à la complexité accrue et à la taille croissante de la nouvelle génération de systèmes d'équations creux pour lesquels les méthodes directes sont souvent inefficaces. De plus, les méthodes itératives sont beaucoup plus faciles à mettre en œuvre et supportent mieux le passage à l'échelle sur les ordinateurs parallèles que les méthodes directes.

Aujourd'hui, le calcul parallèle est devenu un enjeu majeur pour la résolution de systèmes linéaires et non linéaires creux de très grandes tailles. Ceci grâce à la puissance de calcul et à la capacité de stockage des ordinateurs parallèles actuels, ainsi qu'à la disponibilité de différents langages et environnements de programmation parallèle tel que le standard de communication MPI. Il existe différents types d'architectures de calculateurs parallèles, à commencer par les processeurs multicœurs jusqu'à l'interconnexion de plusieurs ordinateurs physiquement adjacents ou géographiquement distants par un réseau de communication. Au cours des dernières années, les nouvelles architectures comportant des accélérateurs matériels (GPU, FPGA, Xeon Phi, etc) sont devenues très attractives pour le calcul parallèle haute performance. Plus particulièrement, celles équipées de processeurs graphiques GPUs qui sont dotés d'une architecture matérielle massivement parallèle. En effet, l'évolution de la technologie GPGPU (General-Purpose computing on Graphics Processing Units) a permis d'exploiter la puissance de calcul des GPUs pour le traitement des tâches intensives. Cependant, les calculateurs parallèles équipés de GPUs présentent de nouvelles difficultés de programmation et d'adaptation des algorithmes de résolution à leurs architectures.

Dans cette thèse, nous nous intéressons à la conception d'algorithmes parallèles pour les grappes de calcul équipées de processeurs graphiques GPUs. Pour cela, nous utilisons une programmation parallèle hétérogène GPGPU CUDA/MPI. Cette thèse est organisée comme suit.

Dans le **Chapitre 1**, nous présentons les différentes architectures parallèles de processeurs classiques, ainsi que celles des nouveaux calculateurs parallèles équipés de GPUs. De plus, nous décrivons le standard de communication MPI et l'environnement de programmation CUDA pour les GPUs.

Dans le **Chapitre 2**, nous présentons les différentes méthodes numériques de résolution, les formats de stockage des matrices creuses et la parallélisation des méthodes itératives sur des calculateurs parallèles.

Les trois chapitres suivants présentent nos contributions à la mise en œuvre des algorithmes parallèles, synchrones ou asynchrones, des méthodes itératives pour la résolution de systèmes linéaires ou non linéaires creux de très grandes tailles sur des grappes de GPUs.

Dans le **Chapitre 3**, nous proposons des mises en œuvre des algorithmes itératifs parallèles pour la résolution de systèmes linéaires creux sur une grappe GPU. Nous utilisons les méthodes itératives de Krylov suivantes : le gradient conjugué (CG) qui donne de bons résultats de résolution pour les systèmes linéaires symétriques et la généralisation de la méthode de minimisation du résidu (GMRES) qui est plus adaptée aux systèmes linéaires asymétriques. La mise en œuvre des deux méthodes sur une grappe GPU impose la parallélisation de leurs algorithmes et la gestion des interactions entre les différents nœuds de calcul de la grappe. En fait, toutes les opérations parallèles sont exécutées par les GPUs et la synchronisation des calculs locaux est assurée par les CPUs via les routines de communications MPI. L'opération la plus importante des méthodes CG et GMRES est la multiplication parallèle matrice creuse-vecteur. Elle nécessite un temps de calcul important et des communications de données entre les nœuds GPUs pour la construction du vecteur global requis pour la multiplication. Toutefois, il est indispensable de minimiser le nombre de communications qui s'avèrent très coûteuses sur une grappe GPU. Pour minimiser les coûts de communication, nous proposons d'utiliser un format de stockage compressé pour les vecteurs de données partagées et un partitionnement hypergraphe pour réduire le nombre de dépendances de données entre les nœuds GPUs de la grappe.

Le **Chapitre 4** présente nos travaux sur la résolution de systèmes non linéaires creux issus de la discrétisation spatiale des problèmes de l'obstacle. Ce type de problèmes intervient, par exemple, dans les mathématiques financières (évaluation des options américaines) ou dans la simulation des phénomènes physiques (mécanique des fluides). Pour la résolution de ces systèmes, nous utilisons les méthodes itératives : Richardson et relaxation par blocs projetées. La méthode Richardson projetée est basée sur les itérations de la méthode Jacobi par points, tandis que celle de relaxation par blocs projetée est basée sur les itérations de la méthode Gauss-Seidel par blocs. Par le biais de ces différentes méthodes, nous voulons étudier le comportement de deux algorithmes itératifs, plus ou moins, opposés sur une grappe GPU. Pour chacune de ces méthodes, nous développons deux algorithmes parallèles, synchrone et asynchrone, adaptés aux grappes GPUs. Notre objectif est d'étudier le passage à l'échelle des deux versions parallèles (synchrone et asynchrone) sur une grappe de GPUs. Afin d'améliorer les performances de résolution des problèmes de l'obstacle, nous proposons de combiner les approches de résolution des deux méthodes Richardson et relaxation par blocs projetées. Nous appliquons une technique de numérotation rouge-noir aux algorithmes parallèles de la méthode Richardson projetée. En effet, cette technique est une variante de la méthode Gauss-Seidel moins stricte (plus facile à paralléliser) qui permet d'accélérer la convergence (effectuer moins d'itérations) sur la grappe GPU.

Dans le **Chapitre 5**, nous nous intéressons aux grappes géographiquement distantes pour la résolution de systèmes linéaires creux de très grandes tailles. Dans ce contexte, nous utilisons des méthodes de multi-décomposition à deux niveaux. En se basant sur ces méthodes, nous pouvons construire des algorithmes parallèles à gros grains permettant de réduire les échanges de données entre les nœuds de calcul. Ceci est un avantage pour les architectures distribuées composées de nœuds de calcul géographiquement distants et interconnectés par un réseau de communication à forte latence. Nous proposons des mises en œuvre synchrone et asynchrone pour une méthode de multi-décomposition à deux niveaux utilisant la méthode itérative parallèle GMRES adaptée aux grappes GPUs. Nous utilisons une méthode de multi-décomposition qui consiste à découper le système linéaire creux en sous-systèmes de plus petites tailles disjoints et sans recouvrement. Notre objectif est de combiner la performance des itérations synchrones dans un contexte local pour la résolution des sous-systèmes linéaires et la souplesse des itérations asynchrones entre les grappes GPUs pour résoudre la globalité du système linéaire creux.

Enfin, nous concluons et donnons les perspectives aux travaux de recherche menés dans cette thèse.

Chapitre 1

Architectures de calcul parallèle

A U cours de ces dernières années, le calcul haute performance (HPC) est devenu un enjeu majeur dans différents domaines de recherche, par exemple l'imagerie et les diagnostics médicaux, les mathématiques financières ou l'exploration pétrolière. Il fait référence aux calculs intensifs des applications nécessitant des quantités énormes en ressources de calcul (puissance de calcul, débit mémoire, espace de stockage, etc), pour une résolution efficace et rapide de différents problèmes scientifiques ou industriels. Ainsi, ceci se traduit par l'exécution de ces applications sur des architectures parallèles, faisant coopérer plusieurs calculateurs et fonctionnant au-dessus de 10^{15} opérations à virgule flottante par seconde (ou un pétaflops).

Plusieurs architectures parallèles ont été conçues pour la résolution des problèmes scientifiques, commerciaux ou d'ingénierie complexes, reconnus gourmands en ressources de calcul. Il y a, globalement, deux types d'architectures parallèles. Le premier concerne les multiprocesseurs qui permettent de rassembler plusieurs processeurs dans une même machine. Le deuxième type concerne les plateformes distribuées qui permettent de faire coopérer plusieurs ordinateurs de type PC via un réseau de communication. Cependant, depuis quelques années, les plateformes distribuées connaissent une forte utilisation par rapport aux multiprocesseurs. Ceci est dû au fait que ces derniers sont plus chers et souvent difficilement extensibles.

Au cours de la dernière décennie, l'évolution de la technologie GPGPU (General-Purpose computing on Graphics Processing Units) a permis d'exploiter la puissance de calcul des processeurs graphiques GPUs pour le traitement des tâches massivement parallèles. Initialement conçus pour des applications graphiques, les GPUs sont aujourd'hui capables d'exécuter des algorithmes parallèles beaucoup plus rapidement que les processeurs classiques CPUs. Ceci a incité de nombreux scientifiques et industriels à intégrer des GPUs dans leurs plateformes de calcul parallèle qui leur permettent, ainsi, d'adresser de nouveaux problèmes de plus en plus complexes.

Ce chapitre est organisé en deux principales sections. La section 1.1 décrit les différentes architectures parallèles de processeurs classiques. Nous donnons deux classifications des architectures parallèles : une classification selon Flynn et une autre selon l'organisation de la mémoire. Ensuite, nous présentons deux types d'architectures distribuées et nous donnons les principaux points clés de la programmation parallèle avec l'environnement MPI. La section 1.2 est consacrée à la description des unités de calcul graphiques. Dans cette section, nous décrivons l'architecture matérielle des GPUs ainsi que, leur environnement de programmation GPGPU CUDA développé par la société nVIDIA. Enfin, nous présentons les architectures parallèles multi-GPUs.

1.1 Calcul parallèle

Avant de définir le principe d'un calcul parallèle, nous avons jugé utile de définir, tout d'abord, celui de son opposé, à savoir le calcul séquentiel et ce, pour mieux cerner la différence entre eux. Un calcul séquentiel consiste à exécuter un programme, instruction par instruction, par un seul processeur (unité de calcul) et de façon à ce qu'une seule instruction soit exécutée à la fois. En revanche, un calcul parallèle est défini comme l'exécution d'un ou plusieurs programmes, simultanément, par plusieurs processeurs. Nous avons, en général, deux manières de réaliser un calcul parallèle. La première consiste à découper le programme en plusieurs tâches de calcul puis, exécuter toutes ces tâches en parallèle par différents processeurs. La seconde nécessite le partitionnement des données du problème à traiter, de manière à ce que chaque partie de données soit attribuée à un processeur différent. Ensuite, tous les processeurs exécutent en parallèle les instructions du même programme mais en opérant sur des données différentes. Cette dernière méthode, appelée la parallélisation de données, est celle retenue dans nos travaux.

En outre, les calculs parallèles nécessitent aussi une gestion des dépendances de données entre les différents processeurs. Les calculs locaux de deux processeurs sont dits dépendants lorsque l'exécution de l'un affecte le résultat de l'autre. Une dépendance de données implique une utilisation de la valeur d'une même variable par les calculs locaux de deux ou plusieurs processeurs. Les dépendances de données peuvent être gérées par la synchronisation des lectures/écritures dans une même mémoire (systèmes à mémoire partagée) ou par la communication de données entre processeurs via des messages (systèmes à mémoire distribuée).

Le calcul parallèle a pour objectif d'exploiter la grande quantité de ressources (processeurs, mémoires, espaces de stockage, etc) qu'offrent les calculateurs parallèles ; ceci, dans le but de réduire le temps d'exécution des applications nécessitant un long traitement et/ou pour pouvoir exécuter celles portant sur des volumes de données très importants. Tout cela nous permet d'aborder de nouveaux problèmes, de plus en plus, complexes et de tailles toujours croissantes.

1.1.1 Classification des architectures parallèles

Un calculateur parallèle peut être : un processeur multicœurs possédant au moins deux unités de calcul physiques gravées sur la même puce ou un supercalculateur qui permet de rassembler les composantes de plusieurs ordinateurs (processeurs et mémoires) dans une seule machine ou une plateforme distribuée composée de plusieurs machines indépendantes, homogènes ou hétérogènes, reliées entre elles par un réseau de communication.

Il existe dans la littérature plusieurs classifications portant sur les architectures de calculateurs parallèles et basées sur différents critères de classification [37, 46, 48, 67]. Dans cette section, nous présentons la classification la plus largement utilisée dans le domaine du calcul parallèle, à savoir : la taxonomie de Flynn [37]. Elle est basée sur deux critères : le nombre d'instructions et le nombre de données qui peuvent être traitées, simultanément, par les différents processeurs du calculateur parallèle. Les quatre catégories possibles de la taxonomie de Flynn sont décrites ci-après.

Instruction unique, donnée unique (SISD)

La classe SISD (Single Instruction, Single Data) représente l'ensemble des calculateurs séquentiels à une seule unité de calcul (ou monoprocesseur). Ce sont les calculateurs qui ne sont capables de traiter qu'une seule instruction sur une seule donnée, par cycle d'horloge. Bien évidemment, cette catégorie n'est pas une architecture parallèle.

Instructions multiples, donnée unique (MISD)

La classe MISD (Multiple Instruction, Single Data) correspond aux calculateurs parallèles pouvant exécuter plusieurs instructions, simultanément, sur la même donnée. Peu de calculateurs MISD ont existé en pratique, vu le nombre réduit des applications qui peuvent être mises en œuvre sur ce type d'architecture. Un exemple de calculateur parallèle expérimental MISD a été développé à l'université de Carnegie Mellon [13].

Instruction unique, données multiples (SIMD)

La classe SIMD (Single Instruction, Multiple Data) correspond aux processeurs vectoriels et, plus généralement, aux calculateurs composés d'un grand nombre d'unités de calcul. À chaque cycle d'horloge, tous les processeurs d'un calculateur SIMD exécutent, simultanément, la même instruction mais opérant sur des données différentes. Cette architecture parallèle est bien adaptée aux traitements des problèmes à structure régulière où la même instruction est appliquée à un ensemble de données (exécution des opérations sur des vecteurs ou des tableaux).

Instructions multiples, données multiples (MIMD)

La classe MIMD (Multiple Instruction, Multiple Data) représente la catégorie la plus générale dans cette taxonomie. Les calculateurs parallèles MIMD possèdent plusieurs processeurs interconnectés entre eux, tels que chaque processeur soit capable de suivre son propre chemin d'exécution. En effet, à chaque cycle d'horloge, les processeurs peuvent exécuter, simultanément, des instructions différentes sur des données différentes.

1.1.2 Mémoires des architectures parallèles

Nous pouvons distinguer, en général, deux modèles de gestion de la mémoire des calculateurs parallèles : la mémoire partagée et la mémoire distribuée. Ces deux modèles de mémoire permettent de définir les modalités d'accès aux données des autres processeurs dans un calcul parallèle.

Mémoire partagée

Dans ce type d'architecture, les processeurs du calculateur parallèle ont un accès direct au même espace mémoire physique via des liens de communication performants, avec un temps d'accès rapide et équitable. En effet, les processeurs peuvent opérer indépendamment mais toutes les données du calcul parallèle sont placées dans une mémoire commune et ce, de façon à ce que les changements établis dans la mémoire par un processeur soient immédiatement visibles par les autres processeurs. Dans ce cas, les échanges de données entre processeurs sont effectués via la synchronisation des lectures/écritures dans la mémoire partagée. La figure 1.1 montre un exemple d'architecture parallèle à mémoire partagée.

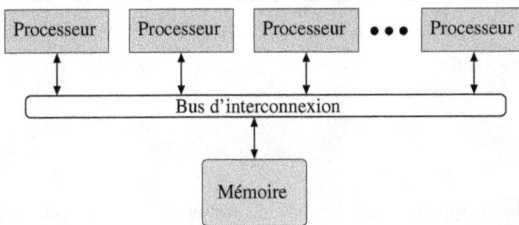

FIGURE 1.1 – Exemple d'architecture parallèle à mémoire partagée

Mémoire distribuée

Nous pouvons trouver ce type de mémoire, plus particulièrement, sur les plateformes de calcul parallèle à ressources distribuées, par exemple les grappes et les grilles de calcul (voir

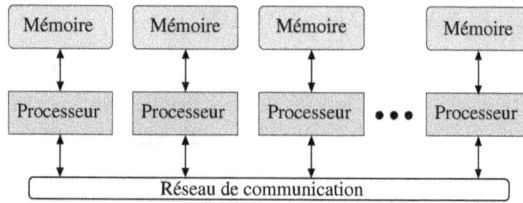

FIGURE 1.2 – Exemple d'architecture parallèle à mémoire distribuée

section 1.1.3). Dans ce cas, chaque processeur de la plateforme parallèle possède sa propre mémoire locale dans laquelle les changements ne sont pas visibles depuis les autres processeurs. Par conséquent, l'accès aux données des mémoires distantes (mémoires des processeurs voisins) est assuré par des envois de messages entre processeurs via un réseau de communication. La figure 1.2 illustre un exemple d'architecture parallèle à mémoire distribuée.

1.1.3 Plateformes de calcul parallèle distribuées

Depuis les années quatre-vingt-dix, les plateformes distribuées connaissent un essor très important dans le domaine du calcul haute performance. Ceci est rendu possible grâce à l'évolution des processeurs classiques et des réseaux de communication. En effet, une plateforme distribuée est constituée, généralement, de calculateurs standards peu onéreux (typiquement, des ordinateurs de bureau) reliés entre eux par un réseau de communication. De plus, sa configuration matérielle peut être facilement mise à jour car l'ajout ou le renouvellement de quelques calculateurs sont faciles à réaliser et peu coûteux. Enfin, elle peut fournir des performances équivalentes ou supérieures à celles d'un supercalculateur pour un coût inférieur. Nous pouvons classifier les plateformes distribuées en deux catégories : les grappes et les grilles de calcul.

Grappes

Une grappe de calcul, appelée communément cluster en anglais, est constituée de deux ou plusieurs calculateurs, plus ou moins, homogènes interconnectés par un réseau local, souvent, à haut débit (par exemple, un réseau InfiniBand). Chaque calculateur faisant partie d'une grappe est appelé nœud de calcul et il possède une ou plusieurs unités de calcul et une mémoire locale. Tous les nœuds de calcul d'une grappe travaillent ensemble comme un seul calculateur parallèle. En général, une grappe de calcul dispose d'un nœud, dit frontal, qui a pour rôle la gestion des ressources et la distribution des calculs sur les nœuds. La figure 1.3 montre un exemple de grappe de calcul composée de six nœuds, ayant chacun quatre unités de calcul.

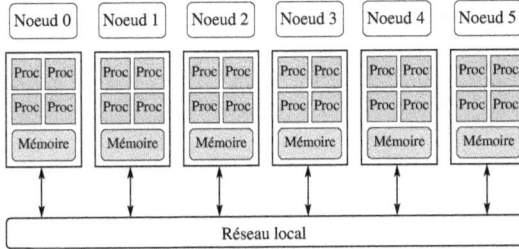

FIGURE 1.3 – Exemple de grappe de calcul

Grilles

Une grille de calcul a une architecture plus distribuée que celle d'une grappe de calcul. Elle est composée d'un grand nombre de calculateurs autonomes, hétérogènes, géographiquement distants et interconnectés par des réseaux de communication hétérogènes. Le principal objectif d'une grille est d'exploiter les ressources de calcul (processeurs, mémoire, espace disque, etc) de milliers de calculateurs, quelques soient leurs placements géographiques, pour résoudre des problèmes de calcul nécessitant des temps d'exécution et/ou des espaces de stockage phéno-ménaux en environnements classiques. Ceci est devenu possible grâce à l'évolution des réseaux longue distance (par exemple, réseau Ethernet), qui permettent d'accéder efficacement aux res-sources distantes. Les calculateurs constituant une grille de calcul peuvent être de différents types d'architectures matérielles et logicielles : monoprocesseurs, supercalculateurs, grappes de calcul, etc. Par exemple, la figure 1.4 illustre une grille de calcul composée de trois sites de grappes de calcul géographiquement distants et communiquant entre eux via le réseau Inter-net. A la différence des grappes de calcul, les sites d'une grille de calcul ne sont pas sous une administration commune et, ainsi, la gestion des ressources et des tâches de calcul est effectuée d'une façon distribuée.

1.1.4 Environnement de programmation parallèle MPI

MPI (Message Passing Interface) est un standard définissant un ensemble de routines pour le calcul parallèle par échange de messages [45] dont la première version est apparue en 1993. Il est le fruit d'une collaboration entre des universitaires et des industriels de différents domaines scientifiques [38]. Le principal objectif visé par le standard MPI est de pouvoir développer des applications parallèles efficaces et portables qui peuvent être mises en œuvre et exécutées sur n'importe quelle architecture de calcul parallèle. De ce fait, les fonctions MPI peuvent fournir de bonnes performances aussi bien sur des multiprocesseurs à mémoire partagée (supercalculateurs) que sur des plateformes de calculateurs distants et à mémoire distribuée (grappes et grilles de

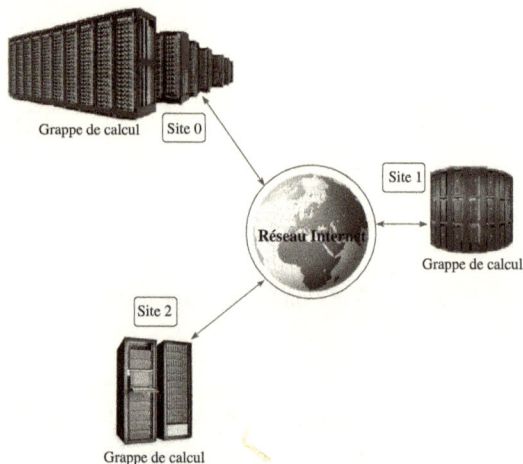

FIGURE 1.4 – Exemple de grille de calcul

calcul).

Les bibliothèques classiques MPI, telles que OpenMPI [42] et MPICH [56], fournissent des
routines MPI qui peuvent être utilisées depuis un programme écrit en C, en Fortran ou en
C++. Par ailleurs, il existe aussi des bibliothèques MPI conçues pour d'autres langages de
programmation, par exemple Java [20], OCaml [53] et Python [63]. Une application MPI est
un ensemble de processus indépendants exécutant en parallèle le même code de programme sur
leurs propres données et communicant entre eux via des appels aux routines de la bibliothèque
MPI. En général, un programme MPI commence par un appel de la fonction MPI_Init() pour
initialiser l'environnement MPI nécessaire pour l'exécution de l'application et il se termine par
un appel de la fonction MPI_Finalize() pour désactiver cet environnement. De plus, MPI définit des groupes de processus nommés communicateurs, tels que deux processus ne puissent
communiquer entre eux que s'ils appartiennent au même communicateur. Initialement, un communicateur global MPI_COMM_WORLD est utilisé pour réunir tous les processus et il peut être
subdivisé en plusieurs communicateurs plus petits avec la fonction MPI_Comm_split(). Enfin,
chaque processus impliqué dans l'exécution d'un programme MPI est identifié par un rang au
sein de son groupe qui peut être déterminé par la fonction MPI_Comm_rank().

Dans un programme parallèle MPI, un processus dispose de ses propres données sans accès
direct aux données des autres processus. De ce fait, MPI utilise des échanges explicites de données entre processus par passage de messages. Il contient plusieurs routines de communication
entre processus que nous pouvons classer en deux catégories : les routines de communications
point-à-point et les routines de communications collectives. Les premières consistent en diffé-

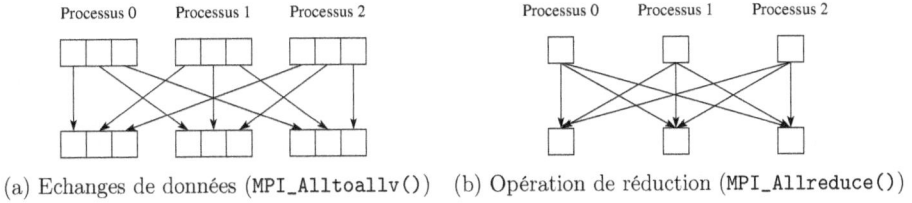

(a) Echanges de données (`MPI_Alltoallv()`)   (b) Opération de réduction (`MPI_Allreduce()`)

FIGURE 1.5 – Exemples de routines de communications collectives MPI

rents types d'opérations d'envoi et de réception de messages entre deux, et seulement deux, processus au sein du même communicateur. Il existe deux types de communications point-à-point : bloquantes et non bloquantes. Une communication d'envoi bloquante signifie que le processus émetteur est bloqué tant que les données à envoyer ne sont pas toutes transmises (par exemple, `MPI_Send()`). De la même façon, une communication de réception bloquante signifie que le processus récepteur reste bloqué tant que les données à recevoir ne sont pas toutes accessibles (par exemple, `MPI_Recv()`). Par contre, les communications non bloquantes permettent au processus émetteur ou récepteur de poursuivre l'exécution de son code sans que la communication d'envoi ou de réception soit réellement effectuée. Nous avons, par exemple, les routines `MPI_Isend()` et `MPI_Irecv()` pour les opérations d'envoi et de réception non bloquantes, respectivement. Les routines de communication non bloquantes ont pour but de réduire les temps d'attente dus aux envois et réceptions de messages.

Les communications collectives sont des communications bloquantes impliquant l'ensemble des processus appartenant au même communicateur. MPI propose plusieurs routines de communication collectives qui peuvent être classées, généralement, en trois catégories selon leurs fonctionnalités : synchronisation (`MPI_Barrier()` et `MPI_Wait()`), échanges de données (par exemple, `MPI_Alltoallv()`) et opérations de réduction sur les données (par exemple, `MPI_Allreduce()`). La figure 1.5 montre un exemple des échanges de données (figure (a)) et un exemple d'opérations de réduction (figure (b)), tel que, le calcul de la somme des données de tous les processus. En plus des routines de communication, MPI propose aussi des routines de gestion de l'environnement d'exécution MPI, des structures de données et des topologies de processus (par exemple, grille de processus).

1.2   Unité de traitement graphique GPU

L'architecture et l'environnement de programmation GPU utilisés dans ce document sont ceux basés sur la plateforme CUDA (Compute Unified Device Architecture) développée par l'un des plus grands fournisseurs de GPUs : nVIDIA [28].

1.2.1   Architecture matérielle GPU

Les processeurs graphiques GPUs ont été, initialement, conçus pour le traitement des applications graphiques et de la visualisation 3D. Nous pouvons citer, par exemple, les produits GeForce et Quadro, deux gammes de GPUs proposées par nVIDIA, qui sont destinés, respectivement, au graphisme grand public et à la visualisation professionnelle. Depuis quelques années, les GPUs sont devenus des outils très attrayants pour le calcul haute performance (HPC). La gamme de produits Tesla a été conçue par nVIDIA pour offrir des capacités de calcul parallèle élevées et assister les processeurs dans les calculs intensifs des applications scientifiques et/ou industrielles. La figure 1.6 montre les différentes architectures matérielles GPU développées par nVIDIA ainsi que celles à développer dans un futur proche.

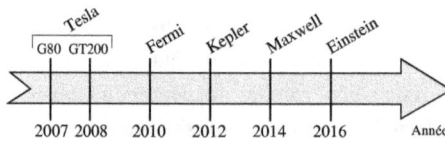

FIGURE 1.6 – Historique des architectures matérielles GPU

Un GPU est un processeur graphique relié à un processeur traditionnel (CPU) via un PCI-Express (voir figure 1.7). Il est souvent considéré comme un accélérateur d'opérations arithmétiques intensives d'une application exécutée sur un CPU. Il puise sa puissance de calcul de son architecture matérielle et logicielle massivement parallèle. En effet, à la différence d'une architecture CPU, un GPU est composé de centaines (voire de milliers) de processeurs (SP), appelés communément cœurs, organisés en plusieurs blocs de processeurs appelés multiprocesseurs (SM ou SMX). La figure 1.8 montre une comparaison entre l'architecture matérielle d'un CPU et celle d'un GPU Fermi. Les processeurs d'un GPU sont regroupés par 8 (Tesla), 32 (Fermi) ou 192 (Kepler) dans un multiprocesseur, selon le type de son architecture matérielle. De la même manière, les multiprocesseurs sont eux-mêmes regroupés par 2 (G80) ou 3 (GT200) dans un TPC (Texture Processing Cluster) pour l'architecture Tesla et par 4 (Fermi) ou 2 (Kepler) dans un GPC (Graphics Processing Cluster) pour les nouvelles architectures.

En plus de la hiérarchie de processeurs, un GPU est doté d'une hiérarchie de mémoires de différentes tailles et de différentes bandes passantes mémoires. Nous distinguons, au total, six mémoires différentes (voir figure 1.9) :

— *Registres* : chaque multiprocesseur a 8K à 65K registres à 32-bit, répartis entre tous ses processeurs. Ce sont des mémoires rapides, accessibles en lecture/écriture et avec une faible latence (environ 1 cycle).

(a) Carte graphique GPU   (b) Un GPU relié à un CPU

FIGURE 1.7 – Exemple de CPU équipé d'un GPU

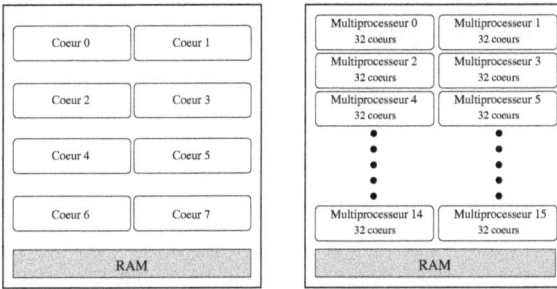

(a) Un CPU à 8 cœurs   (b) Un GPU Fermi à 512 cœurs

FIGURE 1.8 – Comparaison du nombre de cœurs dans un CPU et dans un GPU

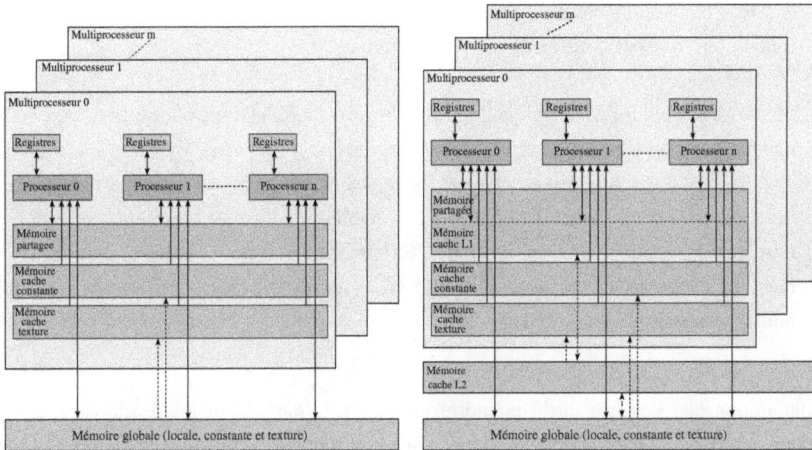

(a) Architecture Tesla   (b) Architecture Fermi ou Kepler

FIGURE 1.9 – Hiérarchie de mémoires GPU

— *Mémoire partagée* : de 16 à 48 Ko de mémoire par multiprocesseur. C'est une petite mémoire extrêmement rapide. Elle est dotée d'une large bande passante mémoire (plus d'un To/s) et d'une faible latence (environ 1 à 2 cycles). Elle est accessible en lecture/écriture par tous les processeurs du même multiprocesseur.

— *Mémoire globale* : chaque GPU est équipé de sa propre RAM (GDDR3 ou GDDR5) de 1 à 6 Go. C'est une mémoire accessible en lecture/écriture et partagée entre tous les multiprocesseurs au sein d'un même GPU. Elle est dotée d'une large bande passante mémoire (jusqu'à 288 Go/s pour la nouvelle génération Kepler). Cependant, elle possède un temps d'accès plus lent par rapport aux autres mémoires (200 à 600 cycles).

— *Mémoire locale* : de 16 à 512 Ko par processeur. C'est une zone mémoire, accessible en lecture/écriture, dans la mémoire globale. Elle est allouée à un processeur dans le cas où un programme, en cours d'exécution, nécessite plus de registres que ceux disponibles. Bien évidemment, elle possède les mêmes caractéristiques que la mémoire globale.

— *Mémoire constante* : c'est un espace mémoire de 64 Ko qui réside dans la mémoire globale. Il permet de sauvegarder les données dont les valeurs restent constantes au cours de l'exécution d'un programme sur le GPU. De plus, chaque multiprocesseur possède une petite *mémoire cache constante* (environ 8 Ko par multiprocesseur), accessible en lecture seule par tous ses processeurs. Cette mémoire cache constante permet de mettre en cache la mémoire constante afin d'accélérer les accès mémoires en lecture aux données constantes stockées dans la mémoire constante.

— *Mémoire texture* : n'importe quelle partie de la mémoire globale peut être définie comme une mémoire texture. Elle permet d'améliorer le temps des accès irréguliers à la mémoire globale. Elle peut prendre en charge des tableaux de différents types de données à un, deux ou trois dimensions. Comme pour la mémoire constante, la mémoire texture est mise en cache dans une *mémoire cache texture*, de 6 à 8 Ko par multiprocesseur. Cette mémoire cache texture est accessible en lecture seule par tous les processeurs d'un même multiprocesseur.

Etant donné que l'espace de la mémoire locale réside dans la mémoire globale, les accès en lecture/écriture à celle-ci ont une latence élevée et une bande passante mémoire faible par rapport à ceux effectués sur la mémoire partagée. Les nouvelles architectures (Fermi, Kepler, etc) ont 64 Ko de mémoire par multiprocesseur qui peut être configurée de trois façons : en 16 Ko de mémoire partagée et 48 Ko de mémoire cache L1, en 48 Ko de mémoire partagée et 16

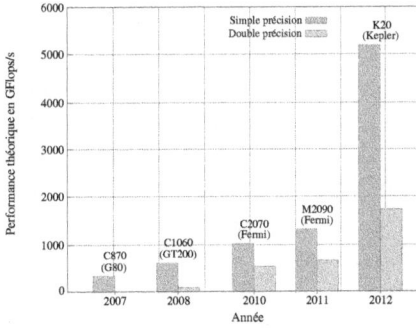

FIGURE 1.10 – Performance théorique en Gflops/s des GPUs Tesla de différentes architectures

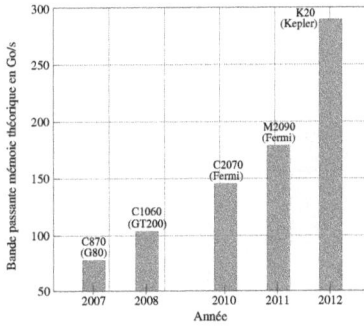

FIGURE 1.11 – Bande passante mémoire théorique en Go/s des GPUs Tesla de différentes architectures

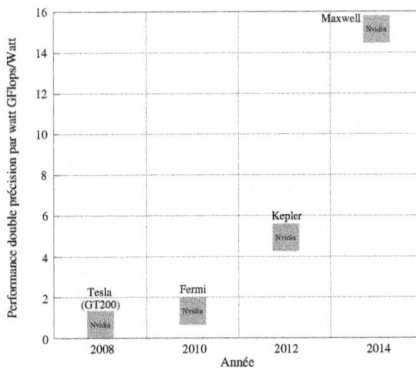

FIGURE 1.12 – Ratio performance théorique en double précision et consommation d'énergie en Gflops/Watt

Ko de mémoire cache L1 ou 32 Ko de mémoire partagée et 32 Ko de mémoire cache L1. De plus, elles possèdent aussi une mémoire cache L2 de 768 Ko (Fermi) ou de 1538 Ko (Kepler), partagée entre tous les multiprocesseurs du GPU. Ces deux mémoires caches sont souvent utilisées pour améliorer les performances des accès aux mémoires locale et globale. La seule mémoire GPU accessible par le CPU est la mémoire globale. Tous les échanges de données entre un CPU et son GPU sont effectués via l'interface de communication PCI-Express de la RAM CPU vers la mémoire globale GPU et vice versa. Ainsi, le CPU peut accéder en lecture/écriture aux mémoires globale, texture et constante.

Dans le monde du calcul haute performance, les architectures massivement parallèles des GPUs offrent des performances et des capacités de calcul très intéressantes pour résoudre de nouveaux problèmes complexes de tailles toujours croissantes. Les deux figures 1.10 et 1.11 montrent, respectivement, la puissance de calcul et la bande passante mémoire théoriques des GPUs Tesla de différentes architectures. La puissance de calcul d'un GPU est représentée par le nombre d'opérations à virgule flottante exécutées par seconde (flops/s). La figure 1.10 montre qu'un seul GPU peut fournir une puissance de calcul dépassant les 1 Tflops/s en simple précision (10^{12} flops/s) et les 500 Gflops/s en double précision (5×10^{11} flops/s). Par ailleurs, une bande passante mémoire exprimée en nombre d'octets par seconde (o/s) désigne le débit de lecture/écriture des données dans la mémoire globale par les processeurs du GPU. La figure 1.11 montre que les bandes passantes mémoires GPU sont très élevées, variant entre 177 et 288 Go/s, permettant ainsi de diminuer les attentes dues aux accès à la mémoire et augmenter la puissance de calcul.

Un autre paramètre de performance intéressant des GPUs est leur efficacité énergétique. Dans les dernières années, l'architecture des nouveaux produits GPU a été optimisée afin d'augmenter leurs puissances de calcul tout en réduisant leurs consommations d'énergie. La figure 1.12 illustre le rapport entre la puissance de calcul théorique et la consommation énergétique des GPUs de différentes architectures. Ce rapport est exprimé en nombre d'opérations à virgule flottante en double précision exécutées par Watt (flops/Watt). Nous pouvons remarquer que les GPUs des deux premières générations Tesla et Fermi exécutent au maximum 2 Gflops/Watt alors que ceux des nouvelles générations Kepler et Maxwell, sortie en 2012 et prévue pour 2014, pourront exécuter, respectivement, jusqu'à 6 Gflops/Watt et 16 Gflops/Watt en double précision. De quoi intéresser les entreprises et les industries pour réduire les coûts de consommation énergétique de leurs applications.

1.2.2   Programmation multithreadée CUDA

CUDA est un environnement de programmation GPU développé par nVIDIA [28] dont la première version a été publiée durant l'année 2007. Il est basé sur le langage de programmation C/C++ avec quelques extensions permettant aux GPUs d'exécuter des calculs généraux

GPGPU (applications graphiques et/ou non-graphiques), qui sont habituellement exécutés par les CPUs. Une application écrite en CUDA est un programme hétérogène qui s'exécute sur un processeur (CPU) équipé d'une carte graphique (GPU). En effet, dans un programme CUDA, les codes à exécuter par le CPU sont définis séparément de ceux à exécuter par le GPU. Toutes les opérations de calculs intensifs et faciles à paralléliser sont exécutées par le GPU sous formes de kernels. Un kernel est une procédure écrite en CUDA et définie par un entête `__global__`, qui est destinée à être exécutée par le GPU. Par ailleurs, le CPU exécute toutes les opérations séquentielles qui ne peuvent pas être exécutées en parallèle et contrôle l'exécution des kernels sur le GPU ainsi que les communications de données entre la mémoire CPU et la mémoire globale GPU.

CUDA est basé sur le modèle de programmation parallèle *instruction unique, threads multiples SIMT* (Single Instruction, Multiple Thread), tel que chaque kernel est exécuté en parallèle par des milliers, voire des millions, de threads. Au niveau d'un GPU, les threads d'un même kernel sont organisés en grille de plusieurs blocs de threads qui sont distribués, plus ou moins équitablement, sur l'ensemble des multiprocesseurs du GPU (voir figure 1.13). En effet, CUDA utilise une organisation hiérarchique des threads GPU. Au plus haut niveau, un GPU exécute une grille de blocs de threads où tous les threads exécutent, simultanément, le même code (kernel) mais en opérant sur des données différentes. Au niveau intermédiaire, chaque multiprocesseur de GPU exécute un ou plusieurs blocs de threads. La position d'un bloc de threads dans la grille est repérée par ses coordonnées à une, deux ou trois dimensions. Au plus bas niveau, chaque cœur d'un multiprocesseur exécute un ou plusieurs threads appartenant au même bloc de threads. A ce niveau, le modèle parallèle SIMT est appliqué de façon à ce que chaque instruction d'un kernel soit exécutée, simultanément, par de multiples threads indépendants (multiples cœurs GPU) opérant sur des données différentes. De même que pour les blocs de threads dans une grille, la position d'un thread au sein du bloc, auquel il appartient, est repérée par ses coordonnées à une, deux ou trois dimensions.

Les threads CUDA peuvent accéder aux différentes mémoires GPU (définies dans la section 1.2.1) de manière hiérarchique. Chaque thread a sa propre mémoire locale et ses propres registres. Ensuite, chaque bloc de threads a une mémoire partagée visible par tous ses threads dont la durée de vie des données est la même que celle du bloc de threads. Enfin, tous les threads d'un kernel ont accès à la même mémoire globale et, ainsi, aux mêmes mémoires texture et constante. De plus, dans les nouvelles architectures GPU, tous les threads d'un même bloc partagent une mémoire cache L1 commune et tous les blocs de threads ont accès à la même mémoire cache L2.

Au niveau d'un multiprocesseur GPU, les threads d'un même bloc sont exécutés par groupe de 32 threads consécutifs, appelé warp. Les threads d'un même warp sont exécutés ensemble, instruction par instruction, jusqu'à la fin du kernel (voir figure 1.14) et ils sont libres de suivre

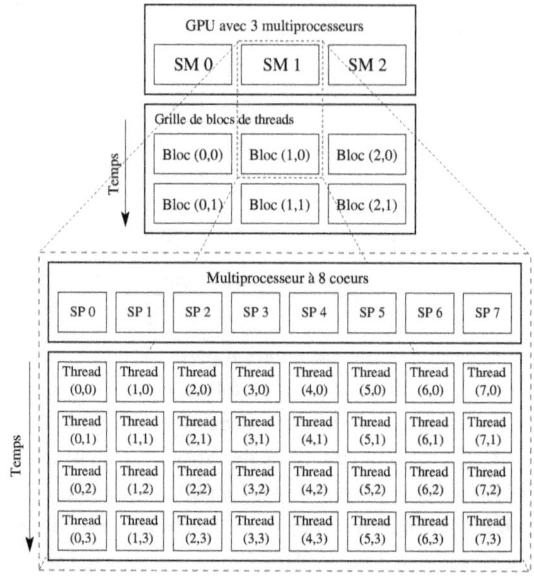

FIGURE 1.13 – Exemple d'exécution des blocs de threads à deux dimensions sur un GPU à 3 multiprocesseurs ayant chacun 8 cœurs

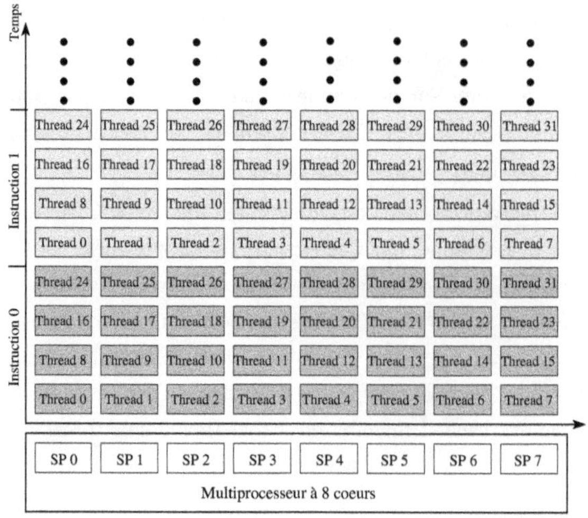

FIGURE 1.14 – Exemple d'exécution d'un warp par un multiprocesseur à 8 cœurs

des chemins d'exécution identiques ou différents, sans aucun point de synchronisation. Au sein d'un même bloc, les threads peuvent coopérer entre eux via la mémoire partagée et synchroniser leurs exécutions en utilisant des barrières de synchronisation (`__syncthreads()` en CUDA). En revanche, dans la grille de threads d'un kernel, il n'y a aucun moyen de synchronisation entre les différents blocs de threads, si ce n'est qu'ils peuvent seulement lire/écrire dans la même mémoire globale.

Le contexte d'exécution (compteurs d'instructions, registres, etc) de chaque warp actif (n'ayant pas encore atteint la fin du kernel) est sauvegardé et maintenu sur le multiprocesseur durant toute la durée de vie du warp. Cela implique que le changement de contexte d'exécution d'un warp à un autre n'a aucune conséquence pénalisant le temps d'exécution d'un kernel. Cependant, cela signifie aussi que tous les warps actifs exécutés par un multiprocesseur partagent les mêmes ressources. Par conséquent, les nombres de threads par bloc et de blocs de threads par grille d'un kernel sont limités par la quantité de ressources disponibles sur un GPU. Un kernel ne peut pas être exécuté sur un GPU lorsque le nombre de threads par bloc, spécifié par le CPU dans la configuration d'exécution du kernel, est au-dessus du nombre maximum de threads par bloc (512 threads pour Tesla et 1024 threads pour Fermi) ou nécessite plus de registres et/ou d'espace mémoire partagée que disponibles.

1.2.3 Instructions d'optimisation des performances GPU

Pour pouvoir exploiter les performances des GPUs, il est nécessaire, tout d'abord et avant tout, de bien connaître les propriétés de l'architecture matérielle et de l'environnement de programmation des cartes graphiques GPUs utilisées. Par ailleurs, une mise en œuvre efficace d'une application sur les GPUs nécessite de bien déterminer les tâches séquentielles et les tâches parallèles de cette application. En effet, toutes les opérations qui sont faciles à exécuter en parallèle doivent être effectuées par le GPU afin d'accélérer l'exécution de l'application. Par contre, toutes les opérations séquentielles et les opérations qui nécessitent des dépendances de données entre threads ou à effectuer des calculs récursifs doivent être exécutées par un seul thread CUDA ou par le CPU, selon la taille du problème à traiter. En fait, l'attente d'un thread pour les résultats de calculs des autres threads affecte considérablement les performances des GPUs.

L'efficacité d'un algorithme mis en œuvre sur un GPU est étroitement liée à la manière dont les ressources GPU ont été utilisées. Pour optimiser les performances d'un algorithme sur un GPU, il est nécessaire de maximiser l'utilisation des cœurs GPU (maximiser le nombre de threads exécutés en parallèle) et d'optimiser l'utilisation des différentes mémoires GPU.

Utilisation des cœurs GPU

Comme nous l'avons déjà présenté dans la section 1.2.2, les différents blocs de threads d'un même kernel sont exécutés en parallèle par les différents multiprocesseurs d'un GPU. Afin d'optimiser l'utilisation de ces multiprocesseurs, il convient donc que le nombre de blocs de threads soit un multiple du nombre de multiprocesseurs du GPU utilisé. Ensuite, chaque bloc de threads est partitionné en warps car un multiprocesseur utilise des warps de 32 threads pour exécuter chaque instruction d'un kernel. Pour maximiser l'utilisation du multiprocesseur, il est nécessaire d'utiliser des multiples de 32 threads pour la taille d'un bloc de threads (32, 64, 128, etc), dans la limite du nombre maximum de threads par bloc.

Au niveau d'un multiprocesseur GPU, les différents warps d'un même bloc de threads ne sont pas exécutés en parallèle. Toutefois, lorsqu'un warp actif doit attendre les données ou le résultat d'une longue opération (par exemple, l'accès à la mémoire globale), il sera mis dans une file d'attente et un autre warp dans la liste des warps prêts (ayant toutes les données nécessaires pour leurs exécutions) sera exécuté. Le nombre de cycles d'horloge nécessaire pour qu'un warp soit prêt à l'exécution est appelé la latence. Pour masquer les opérations de grande latence, plus particulièrement les accès à la mémoire globale, un bloc de threads doit avoir plus de 32 threads et donc, au moins deux warps.

En outre, les 32 threads d'un même warp exécutent, simultanément, la même instruction d'un kernel (voir section 1.2.2). Donc, l'exécution optimale d'un kernel sur un GPU est assurée lorsque tous les threads d'un même warp suivent le même chemin d'exécution. Dans le cas de divergence d'un warp qui se produit lors des structures conditionnelles (`if(conditions) ... else ...`), le modèle parallèle SIMT force l'évaluation séquentielle des chemins d'exécution des deux branches conditionnelles. En effet, les threads n'entrant pas dans l'une des branches conditionnelles doivent attendre la fin d'exécution des autres threads qui eux, sont entrés dans cette branche. Par conséquent, le temps d'exécution d'une structure conditionnelle est la somme de ceux des chemins d'exécution des différentes branches conditionnelles.

Utilisation des mémoires GPU

Pour maximiser le débit mémoire d'une application mise en œuvre sur un GPU, il est nécessaire de réduire les transferts de données entre la mémoire CPU et la mémoire globale GPU, durant l'exécution de cette application. En effet, les données nécessaires pour l'exécution d'un kernel doivent d'abord être transférées de la mémoire CPU vers la mémoire GPU et enfin, les résultats de l'exécution doivent être rapatriés de la mémoire GPU vers la mémoire CPU. En raison du surcoût des communications CPU/GPU, il est préférable de regrouper les données de plusieurs petits transferts en un seul grand transfert de données CPU/GPU que d'effectuer chaque petit transfert séparément. De plus, quand cela est possible, il est intéressant d'utiliser des communications asynchrones entre un CPU et son GPU [28], qui permettent d'effectuer des recouvrements entre les calculs et les transferts de données.

Par ailleurs, il est nécessaire aussi de réduire les accès à la mémoire globale et maximiser l'utilisation de la mémoire partagée et des mémoires caches (texture, constante et les caches *L1* et *L2* disponibles dans les nouvelles architectures). La mémoire partagée est la mémoire GPU ayant un temps d'accès le plus rapide. Elle est découpée en 16 (Tesla) ou 32 (Fermi et Kepler) modules mémoires de même taille, nommés *banques*, qui peuvent être adressés (lus ou écrits) simultanément par différents threads. Pour optimiser le débit de la mémoire partagée, il faut que n threads d'un même warp puissent accéder, simultanément, à n banques mémoires distinctes (n peut être égal à 16 ou 32, selon l'architecture GPU). Par contre, dans le cas où m différents threads ($m \leq n$) lisent ou écrivent, simultanément, dans la même banque mémoire, leurs accès sont traités en séquentiel, ce qui dégradera les performances. Par ailleurs, la mémoire partagée est souvent exploitée pour le stockage de données réutilisées plusieurs fois au sein d'un même bloc de threads.

De plus, pour une utilisation optimale de la mémoire globale, chaque warp doit effectuer, autant que possible, des accès mémoires en lecture/écriture dits coalescents. En effet, la mémoire globale est accessible via des transactions mémoires, permettant de lire/écrire des cases voisines alignées sur des segments de 32, 64 ou 128 octets. Selon l'architecture matérielle du GPU, elle peut être adressée par un demi-warp (16 premiers ou 16 derniers threads) dans Tesla ou par un warp dans Fermi et Kepler. Donc, une coalescence absolue est assurée lorsqu'un demi-warp ou un warp accède, simultanément, à 16 ou 32 mots mémoires, respectivement, de même type de données et alignés dans le même segment de la mémoire globale. Le cas contraire se produit lorsqu'un demi-warp (Tesla) ou un warp (Fermi et Kepler) accède à 16 ou 32 mots mémoires résidant dans n segments de mémoire différents. Dans ce dernier cas, n transactions mémoires sont nécessaires pour réaliser un seul accès en lecture/écriture pour un demi-warp ou un warp. La figure 1.15 montre deux exemples d'accès mémoires : coalescent (figure (a)) et non coalescent (figure (b)). Pour chaque architecture, nous avons donné le nombre de transactions mémoires nécessaire pour la lecture ou l'écriture de 32 mots mémoires de 4 octets chacun par un warp. Lorsque la coalescence n'est pas assurée, l'utilisation de la mémoire texture (Tesla) ou caches L1 et L2 (Fermi et Kepler) sont recommandés pour améliorer les temps d'accès en lecture à la mémoire globale.

1.2.4 Plateformes de calcul parallèle multi-GPUs

La conception de nouveaux calculateurs parallèles, de plus en plus rapides, semble devenir un besoin inévitable pour le domaine du calcul haute performance. Par conséquent, de nombreux scientifiques et industriels ont tendance à utiliser, de plus en plus, des plateformes de calcul multi-GPUs pour mettre en œuvre leurs applications. Une plateforme de calcul multi-GPUs

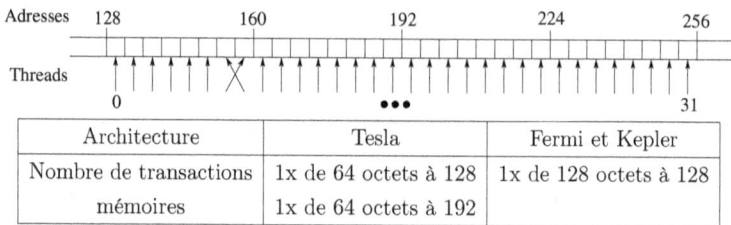

Architecture	Tesla	Fermi et Kepler
Nombre de transactions mémoires	1x de 64 octets à 128 1x de 64 octets à 192	1x de 128 octets à 128

(a) Accès mémoire coalescent

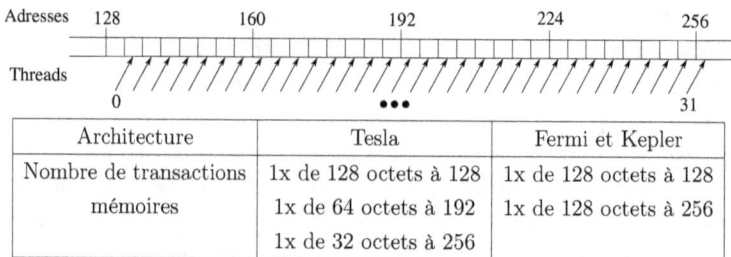

Architecture	Tesla	Fermi et Kepler
Nombre de transactions mémoires	1x de 128 octets à 128 1x de 64 octets à 192 1x de 32 octets à 256	1x de 128 octets à 128 1x de 128 octets à 256

(b) Accès mémoire non coalescent

FIGURE 1.15 – Exemples d'accès mémoire coalescent et non coalescent à la mémoire globale par un warp. Un mot mémoire de 4 octets par thread à partir de l'adresse 128

consiste à fédérer plusieurs cartes graphiques. Il existe, généralement, trois types d'architectures multi-GPUs :

— Machine multi-GPUs : plusieurs cartes graphiques connectées via des interfaces PCI-Express à un seul ordinateur CPU (monoprocesseur ou multiprocesseur).

— Grappe de GPUs : chaque nœud d'une grappe de calcul est équipé d'une ou plusieurs cartes graphiques.

— Grappes de GPUs distribuées : architecture distribuée formée de grappes de GPUs géographiquement distantes et interconnectées par un réseau de communications longues distances.

La mise en œuvre d'une application sur une plateforme multi-GPUs consiste, tout d'abord, à partitionner les données et/ou des tâches sur l'ensemble des GPUs et à charger ses données dans les mémoires GPU depuis la/les mémoires CPU (selon l'architecture multi-GPUs). Ensuite, le code de l'application est exécuté en parallèle par les différents GPUs de la plateforme. En fait, les calculs intensifs sont exécutés par les GPUs et les codes séquentiels et récursifs sont exécutés par le/les CPUs. De plus, le/les CPUs de la plateforme sont en charge de la gestion des communications et du partage de données entre les GPUs. Enfin, les résultats des calculs sont transférés des mémoires GPUs vers la/les mémoires CPUs. Dans ce type d'applications, le contrôle de l'exécution des kernels sur chaque GPU et son approvisionnement en données sont assurés, soit par un thread CPU ou par un processus lourd MPI. Toutefois, sur les architectures à mémoire distribuée (par exemple, les grappes GPUs), il est préférable d'utiliser des processus lourds MPI, même au sein d'un même nœud, pour assurer la communication de données entre GPUs par passage de messages.

Le but principal de la mise en place d'une plateforme multi-GPUs est d'exploiter, conjointement, les capacités de calcul de plusieurs processeurs graphiques, pour résoudre des problèmes haute performance plus rapidement que sur les calculateurs classiques CPU. De plus, l'utilisation d'une grappe de GPUs, par exemple, nécessite moins d'espace de déploiement et de consommation énergétique que l'utilisation de grosses armoires de CPUs (grappes de CPUs).

1.3 Conclusion

Dans ce chapitre, nous avons présenté les différentes architectures utilisées pour le calcul parallèle haute performance. Dans un premier temps, nous avons défini le principe général d'un calcul parallèle et donné quelques caractéristiques des architectures classiques permettant d'effectuer ce type de calcul. Pour cela, nous avons présenté les quatre classes d'architectures informatiques proposées par Flynn et décrit les deux modèles mémoires des architectures parallèles, à savoir le modèle à mémoire partagée et celui à mémoire distribuée.

Les travaux présentés dans ce document portent plus particulièrement sur le calcul parallèle sur des architectures à mémoire distribuée. Nous avons décrit plus en détails deux plateformes de calcul parallèle de ce type d'architecture, à savoir les grappes et les grilles de calcul. En effet, une grappe de calcul est constituée d'un ensemble de processeurs, plus ou moins homogènes, localisés sur un même site et interconnectés par un réseau de communication à haut débit. Par contre, une grille de calcul est composée de plusieurs grappes de calcul hétérogènes, éloignées et interconnectées par un réseau longue distance. Nous avons aussi présenté l'environnement de programmation parallèle MPI qui permet d'exploiter les ressources de calcul des architectures distribuées par passage de messages.

Dans la deuxième partie, nous avons abordé l'une des nouvelles technologies informatiques conçues pour le calcul haute performance, en l'occurrence les unités de calcul graphiques GPU. Bien qu'ils aient été conçus, initialement, pour la mise œuvre des applications graphiques, les GPUs ont rapidement évolué pour devenir des outils d'accélération des opérations arithmétiques et assister les processeurs classiques dans les calculs généraux intensifs. En effet, ils sont dotés d'une architecture matérielle et logicielle massivement parallèle. Á la différence d'un processeur classique, un GPU possède une centaine de cœurs (unités de calcul) organisés en plusieurs multiprocesseurs et une hiérarchie de mémoires de différentes tailles et débits mémoires.

Dans ce chapitre, nous avons étudié l'environnement de programmation CUDA, développé par nVIDIA pour le calcul haute performance sur les GPUs. Il est basé sur le modèle parallèle SIMT, qui consiste à exécuter en parallèle la même instruction d'un kernel par un groupe de threads sur un multiprocesseur GPU. Cependant, pour exploiter la puissance de calcul d'un GPU, il est impératif de bien connaître son architecture matérielle et l'environnement de programmation choisi. Pour cela, nous avons donné quelques instructions permettant une bonne utilisation des ressources GPU. Enfin, nous avons clôturé ce chapitre par la présentation des plateformes parallèles multi-GPUs. Ce sont les architectures de processeurs classiques équipées de plusieurs cartes graphiques GPUs, par exemple les grappes GPU, qui leur permettent d'améliorer considérablement leurs performances.

Dans nos travaux de recherche, nous nous sommes intéressés à la mise en œuvre parallèle des méthodes de résolution des systèmes linéaires et non linéaires creux sur des grappes GPU. En fait, la résolution de ces systèmes est un processus très gourmand en ressources de calcul et intervient dans de nombreuses applications scientifiques. Par conséquent, nous aspirons à exploiter les capacités de calcul des grappes GPU pour améliorer les temps de résolution de ces systèmes. Á cet effet, le chapitre suivant sera consacré à l'étude des différentes méthodes numériques conçues pour la résolution de systèmes d'équations creux.

Chapitre 2

Résolution de systèmes linéaires creux

L ES systèmes linéaires et non linéaires creux sont utilisés pour la modélisation de nombreux problèmes scientifiques ou industriels, comme la simulation des phénomènes de l'environnement et de la terre ou la transformation industrielle des fluides complexes ou non-newtoniens. De plus, la résolution de ces problèmes fait souvent appel à la résolution de ces systèmes d'équations, qui est considérée comme le processus le plus coûteux en termes de temps de calcul et d'espace mémoire. Par conséquent, la résolution de systèmes linéaires et non linéaires creux doit être aussi efficace que possible, afin de pouvoir traiter des problèmes de taille toujours croissante.

Il existe, dans le jargon de l'analyse numérique, différentes méthodes de résolution de systèmes linéaires creux. Cependant, le choix d'une méthode de résolution est souvent guidé par les propriétés de la matrice creuse du système à résoudre (structure, symétrie, densité, etc), la vitesse et la précision de résolution souhaitées. Toutefois, un bon choix de la méthode est aussi guidé par la taille de ces systèmes, qui ralentit davantage le processus de résolution. Par conséquence, ces méthodes doivent être faciles à paralléliser pour exploiter la puissance de calcul et la capacité mémoire des plateformes de calcul parallèle.

Dans le présent chapitre, nous décrivons deux classes de méthodes de résolution dans la section 2.1, à savoir les méthodes directes et les méthodes itératives. Dans la section 2.2, nous montrons les différentes structures de données des matrices creuses en mémoire, qui permettent d'optimiser l'occupation d'espace mémoire et les accès en lecture/écriture à la mémoire. Enfin dans la section 2.3, nous présentons la parallélisation des méthodes itératives pour la résolution de systèmes linéaires creux de grande taille sur les plateformes de calcul parallèle.

2.1 Méthodes de résolution

Soit le système linéaire creux suivant :

$$Ax = b, \tag{2.1}$$

où $A \in \mathbb{R}^{n \times n}$ est une matrice carrée creuse inversible, $x \in \mathbb{R}^n$ est le vecteur solution, $b \in \mathbb{R}^n$ est le vecteur du second membre et $n \in \mathbb{N}$ est un grand entier naturel. Les méthodes de résolution de systèmes linéaires sont, plus ou moins, classifiées en deux grandes familles : les méthodes directes et les méthodes itératives. Dans l'analyse numérique, un algorithme permettant de résoudre un système linéaire creux est appelé un solveur linéaire creux direct ou itératif, selon le type de la méthode de résolution qu'il utilise.

2.1.1 Méthodes directes

Les méthodes directes sont les méthodes numériques les plus anciennes pour la résolution de systèmes linéaires. De plus, jusqu'aux années quatre vingt, elles ont souvent été préférées aux méthodes itératives, en raison de leur robustesse et de leur comportement prévisible. En effet, que ce soit pour des matrices denses ou creuses, ces méthodes permettent d'obtenir, théoriquement en l'absence des erreurs d'arrondi, une solution exacte en un nombre d'opérations élémentaires fini et connu a priori. La plupart des méthodes directes sont basées, principalement, sur deux étapes de calcul : la factorisation de la matrice suivant ses propriétés (symétrie, définie positive, etc) et la résolution par des substitutions successives [70].

Parmi les solveurs directs les plus utilisés, nous pouvons citer le solveur LU basé sur la méthode de factorisation LU [64]. Dans un premier temps, ce solveur procède à la factorisation de la matrice des coefficients A du système linéaire à résoudre (2.1). Dans cette étape, la matrice A est décomposée en deux matrices triangulaires inférieure $L = (l_{ij})_{1 \leqslant i,j \leqslant n}$ et supérieure $U = (u_{ij})_{1 \leqslant i,j \leqslant n}$, de façon à ce que la matrice A puisse s'écrire sous forme d'un produit des deux matrices L et U. Une fois la factorisation établie, le solveur LU résout le système linéaire en deux étapes :

— la résolution du système $Ly = b$ par l'algorithme de descente (substitutions successives avant ou résolution de haut vers le bas),

— puis, la résolution du système $Ux = y$ par l'algorithme de remontée (substitutions successives arrière ou résolution de bas vers le haut).

Cependant, les méthodes directes de résolution de systèmes linéaires creux sont souvent plus compliquées que celles des systèmes denses. La principale difficulté réside dans l'étape de factorisation de la matrice. En effet, durant la construction des deux facteurs triangulaires L et U, certains zéros de la matrice creuse d'origine, A, peuvent devenir des valeurs non nulles dans les matrices L et U, ce que l'on appelle, communément, processus de remplissage. Par conséquent, une mise en œuvre efficace d'un solveur direct creux dépend largement des structures de données en mémoire (formats de stockage) des valeurs non nulles des matrices L et U. De ce fait, un solveur direct creux est généralement basé sur quatre étapes distinctes [35, 31] au lieu de deux comme dans les solveurs denses :

1. Réorganisation de la matrice A : qui consiste à réordonner les lignes et les colonnes de A, et donc les valeurs non nulles, de telle sorte que les facteurs L et U subissent peu de remplissage à l'étape de factorisation numérique.

2. Factorisation symbolique : qui détermine a priori les structures de données appropriées aux valeurs non nulles des facteurs L et U.

3. Factorisation numérique : qui calcule les facteurs L et U.

4. Résolution du système linéaire creux : qui effectue les substitutions avant-arrière en utilisant les deux facteurs L et U calculés à l'étape précédente.

Dans le cas des matrices creuses symétriques et définies positives (valeurs propres strictement positives), les quatre étapes peuvent être bien séparées comme dans le solveur CHOLMOD [26]. Pour les matrices creuses asymétriques, les solveurs directs peuvent fusionner les étapes 2 et 3 en une seule étape comme les solveurs SuperLU [33] et MUMPS [5], ou même fusionner les étapes 1, 2 et 3 comme le solveur UMFPACK [32].

Toutefois, les méthodes directes ne sont pas bien adaptées pour la résolution de systèmes linéaires creux de très grandes dimensions, et en particulier, ceux associés aux problèmes tridimensionnels. En fait, l'occupation espace mémoire du processus de factorisation croît superlinéairement avec la taille de la matrice et dépend fortement de la structure de cette dernière (positions des valeurs non nulles) pour réduire le remplissage. Hélas, quelque soit le nombre de fois que les coefficients de la matrice sont réordonnés, cela n'empêche pas le remplissage de croître rapidement et proportionnellement à la taille de la matrice. En outre, les solveurs directs sont très coûteux en termes de temps de résolution qui est de $\mathcal{O}(n^3)$, où n représente la taille du système. Dans ce cas, les méthodes itératives décrites dans la section 2.1.2, sont particulièrement plus utiles lorsque les systèmes linéaires à résoudre sont creux et de très grande dimension car, contrairement aux méthodes directes, aucun processus de remplissage n'est nécessaire.

2.1.2 Méthodes itératives

Les méthodes itératives procèdent par itérations successives d'un même bloc d'opérations élémentaires, au cours desquelles une séquence infinie de solutions approximatives $\{x_k\}_{k \geq 0}$ est générée. A partir d'une solution initiale x_0 (choisie pour la première itération), une méthode itérative détermine à chaque itération $k \geq 1$, une solution approximative, x_k, qui converge progressivement vers la solution exacte, x^*, du système linéaire 2.1, telle que :

$$x^* = \lim_{k \to \infty} x_k = A^{-1}b \in \mathbb{R}^n. \tag{2.2}$$

A la différence d'une méthode directe, le nombre d'itérations d'une méthode itérative nécessaire pour atteindre la solution exacte du système linéaire à résoudre n'est pas connu au préalable et peut être infini. Cependant, dans la pratique, un solveur itératif donne souvent une solution approximative satisfaisant une précision requise et/ou après un nombre maximum d'itérations fixé a priori. Les critères d'arrêt les plus fréquemment utilisés par les solveurs itératifs sont les suivants :

— $\|x_k - x_{k-1}\| < \varepsilon$: erreur absolue,
— $\|x_k - x_{k-1}\| < \varepsilon\|x_{k-1}\|$: erreur relative,
— $\|b - Ax_k\| < \varepsilon\|b\|$: résidu de la solution.

où x_k est la solution approximative obtenue à l'itération $k \leqslant K$, K étant le nombre maximum d'itérations et ε est le seuil de tolérance requis pour la précision de calcul. Ainsi, un solveur linéaire itératif est dit convergent si pour tout choix de la solution initiale $x_0 \in \mathbb{R}^n$, l'erreur ou le résidu de la solution finale $x_k \in \mathbb{R}^n$, obtenue après k itérations, est suffisamment petit. Cependant, la convergence des méthodes itératives n'est pas toujours assurée et dépend fortement des caractéristiques du système linéaire, à savoir : la structure creuse, le conditionnement et le rayon spectral de la matrice des coefficients A. Il existe différentes classes de méthodes itératives et le choix de l'utilisation d'une méthode est souvent guidé par son efficacité de résolution et les propriétés du système linéaire à résoudre. Nous citons ici, globalement, trois classes de méthodes itératives : stationnaires, non stationnaires et multigrilles.

Méthodes stationnaires

Les méthodes itératives stationnaires permettant de résoudre le système linéaire (2.1), peuvent être exprimées sous la forme simple suivante :

$$\forall k \in \mathbb{N}, x_{k+1} = f(x_k) = Cx_k + d, \qquad (2.3)$$

telle que f soit une fonction affine représentant un schéma de point fixe où la matrice d'itération C et le vecteur d restent inchangés pour toutes les itérations k. Les méthodes itératives stationnaires sont basées sur la décomposition de la matrice des coefficients, A, comme suit :

$$A = M - N, \qquad (2.4)$$

de sorte que le système linéaire (2.1) puisse s'écrire sous forme : $Mx = Nx + b$ à laquelle est associée l'itération suivante :

$$x_{k+1} = Cx_k + d = M^{-1}Nx_k + M^{-1}b, \qquad (2.5)$$

où M est une matrice inversible. Par conséquent, une méthode itérative stationnaire est convergente vers la solution exacte x^* si, et seulement si, le rayon spectral (la plus grande valeur propre) de la matrice C est strictement inférieur à 1 : $\rho(C) < 1$. Les principales méthodes itératives stationnaires sont basées sur la décomposition de la matrice des coefficients en matrices diagonale D, triangulaire strictement inférieure L et triangulaire strictement supérieure U : $A = D - L - U$. Parmi ces méthodes itératives nous pouvons citer [68] :

— Jacobi : $M = D$ et $N = L + U$,

— Gauss-Seidel : $M = D - L$ et $N = U$,

— Surrelaxation successive (SOR) : $M = D - \omega L$ et $N = \omega U + (1 - \omega)D$ et $\omega > 0$,

— Richardson : $C = I - \omega A$, $d = \omega b$ et $\omega > 0$.

L'algorithme 2.1 présente les principaux points clés d'un solveur itératif stationnaire. Il permet de calculer, à partir d'une solution initiale x_0, une série de solutions approximatives successives x jusqu'à ce que la convergence soit atteinte (dans l'algorithme, à la ligne 7, résidu$< \varepsilon$).

Algorithm 2.1: Algorithme général d'un solveur itératif stationnaire

Entrées: A (matrice), C (matrice d'itération), b (vecteur), d (vecteur)

Sorties: x (vecteur)

1 choisir x_0 solution initiale, ε seuil de tolérance;

2 $convergence \leftarrow faux$;

3 $k \leftarrow 0$;

4 **tant que** $\neg convergence$ **faire**

5   évaluer : $x_{k+1} = f(x_k) = Cx_k + d$;

6    $convergence \leftarrow (\|b - Ax_{k+1}\| \cdot \|b\|^{-1} < \varepsilon)$;

7    $k \leftarrow k + 1$;

8 **fin**

La ligne 5 de l'algorithme 2.1 permet de calculer les composantes du vecteur x en appliquant la fonction affine de la méthode itérative stationnaire utilisée. Par exemple, dans les méthodes Jacobi et Gauss-Seidel, les n composantes du vecteur x à l'itération $(k+1)$ sont calculées comme suit :

$$Jacobi : \quad x_{k+1} = D^{-1}(L + U)x_k + D^{-1}b \qquad \Leftrightarrow$$

$$x_{k+1}^i = (b_i - \sum_{j \neq i} a_{ij}x_k^i)/a_{ii}, \forall i, j, \ 1 \leqslant i, j \leqslant n,$$

$$Gauss - Seidel : \quad x_{k+1} = (D - L)^{-1}Ux_k + (D - L)^{-1}b \quad \Leftrightarrow$$

$$x_{k+1}^i = (b_i - \sum_{j < i} a_{ij}x_{k+1}^i - \sum_{j > i} a_{ij}x_k^i)/a_{ii}, \forall i, j, \ 1 \leqslant i, j \leqslant n.$$

Comme nous l'avons évoqué, précédemment, le principal critère de choix entre les solveurs itératifs est l'efficacité, et donc la convergence, des méthodes de résolution utilisées par ces derniers. Par exemple, pour trouver la nouvelle solution x à l'itération $(k+1)$, la méthode Jacobi utilise toutes les composantes du vecteur x calculées à l'itération précédente k, alors que la méthode Gauss-Seidel utilise les nouvelles composantes calculées à l'itération courante $(k+1)$ dès que possible. Par conséquent, cette technique de mise à jour des composantes du vecteur solution x permet au solveur Gauss-Seidel d'effectuer moins d'itérations et donc d'avoir, en général, une convergence plus rapide que le solveur Jacobi.

Les méthodes stationnaires sont les méthodes itératives les plus anciennes et leurs algorithmes sont simples à comprendre et à mettre en œuvre. Cependant, elles sont souvent moins efficaces pour la résolution de beaucoup de systèmes linéaires creux, vu leur applicabilité limitée à certains types de matrices. Ces dernières années, les méthodes non stationnaires, définies dans la section suivante, sont devenues les méthodes itératives les plus utilisées pour leur efficacité à résoudre plusieurs types de systèmes linéaires.

Méthodes non stationnaires

Les méthodes non stationnaires sont les méthodes itératives les plus récentes ; leurs algorithmes sont généralement plus difficiles à comprendre et à mettre en œuvre, mais elles peuvent être plus efficaces pour la résolution de certains systèmes linéaires creux. Elles peuvent être exprimées sous la forme suivante :

$$\forall k \in \mathbb{N}, x_{k+1} = f_k(x_k), \tag{2.6}$$

où, contrairement aux méthodes stationnaires, la fonction f_k permettant de calculer le nouvel itéré x_{k+1} diffère d'une itération à l'autre. En fait, les méthodes non stationnaires impliquent des données qui changent à chaque itération et qui déclinent des opérations vectorielles utilisées par les méthodes itératives, comme les produits scalaires et les opérations AXPY ($y \leftarrow ax + y$).

Le principe général des méthodes non stationnaires est la construction d'une séquence de vecteurs orthogonaux et les projections sur des sous-espaces. L'une des classes importantes des méthodes non stationnaires est celle des méthodes itératives de Krylov. L'idée générale d'une méthode de Krylov [68] est de chercher une approximation, x_k, de la solution de système linéaire (2.1) dans un sous-espace de Krylov, $\mathcal{K}_k$, d'ordre k :

$$x_k - x_0 = q_{k-1}(A)r_0 \in \mathcal{K}_k(A, r_0), \tag{2.7}$$

telle que la condition Petrov-Galerkin soit satisfaite :

$$b - Ax_k \perp \mathcal{L}_k,$$

où q_{k-1} est un polynôme de degré $k-1$ et $\mathcal{L}_k$ est un autre sous-espace vectoriel d'ordre k.
Le sous-espace de Krylov d'ordre k, noté $\mathcal{K}_k(A, r_0)$, est un sous-espace vectoriel construit sur
A et r_0 et engendré par les k vecteurs orthogonaux deux à deux $r_0, Ar_0, \ldots, A^{k-1}r_0$ (base
orthonormée) :

$$\mathcal{K}_k(A, r_0) \equiv \text{engendré}\{r_0, Ar_0, A^2r_0, \ldots, A^{k-1}r_0\},$$

où $r_0 = b - Ax_0$ est le résidu de la solution initiale x_0 choisie, plus ou moins aléatoirement, au
démarrage du solveur de Krylov.

La plupart des méthodes de Krylov sont basées sur des itérations ne requérant que des
multiplications de la matrice du système par un vecteur, des produits scalaires et des additions
de vecteurs ; et elles diffèrent généralement dans le choix de $\mathcal{L}_k$, le calcul d'une base orthonormée
pour $\mathcal{K}_k$ (certaines méthodes utilisent la matrice creuse A et d'autres utilisent sa transposée A^T)
et la réinitialisation de cette base à toutes les m itérations (restarts). Les méthodes de Krylov
ont, généralement, une convergence plus rapide que les méthodes stationnaires. Néanmoins,
pour certains types de matrices creuses, elles n'arrivent pas à converger ou elles effectuent
de nombreuses itérations pour converger. En pratique, elles sont, généralement, utilisées avec
un préconditionneur qui permet d'améliorer et/ou d'accélérer leur convergence. Le processus
de préconditionnement consiste à remplacer le système linéaire creux (2.1) par l'un des deux
systèmes suivants :

$$M^{-1}Ax = M^{-1}b, \tag{2.8}$$

ou

$$AM^{-1}\hat{x} = b, \quad x = M^{-1}\hat{x}, \tag{2.9}$$

qui sont plus faciles à résoudre. M représente la matrice de préconditionnement et les formules
(2.8) et (2.9) représentent, respectivement, le préconditionnement à gauche et le préconditionnement à droite du système linéaire $Ax = b$. Il existe beaucoup de méthodes de Krylov [68, 11],
par exemple CG ($\mathcal{L}_k = \mathcal{K}_k$), GMRES ($\mathcal{L}_k = A\mathcal{K}_k$) et BICG ($\mathcal{L}_k = \mathcal{K}_k(A^T, r_0)$).

Méthodes multigrilles

Une autre catégorie de méthodes itératives est celle des méthodes multigrilles dont les origines
remontent aux années soixante [36]. Initialement conçues pour la résolution de l'équation de
Poisson, les méthodes multigrilles ont rapidement évolué pour être appliquées à un large éventail
d'applications dans le domaine de la physique ou des mathématiques des finances, comme par
exemple la résolution de problèmes linéaires ou non linéaires avec des conditions aux limites [16]
ou des problèmes d'optimisation [71].

Les méthodes itératives standards, comme Jacobi et Gauss-Seidel, sont caractérisées par un faible taux de convergence global, τ, qui peut être défini à l'itération k comme suit :

$$\tau_k = \frac{\|r_k\|}{\|r_{k-1}\|} = \frac{\|b - Ax_k\|}{\|b - Ax_{k-1}\|}, \qquad (2.10)$$

où r_k est le résidu de la solution approximative x_k trouvée après k itérations. En fait, malgré leur convergence rapide aux premières itérations, ces méthodes itératives peinent à maintenir leur vitesse de convergence tout le long de la résolution. Cela peut être expliqué par leur incapacité à réduire les basses fréquences de l'erreur, ce qui se traduit par la décroissance lente de la norme du résidu durant les dernières itérations de la résolution. Par conséquent, beaucoup d'itérations sont nécessaires pour donner une solution approchée intéressante lorsque la vitesse de convergence est faible. A cet effet, les méthodes multigrilles sont conçues pour améliorer la vitesse de convergence de ces méthodes itératives et ainsi, réduire leur coût de résolution.

Comme leur nom l'indique, les méthodes multigrilles utilisent différents niveaux de maillages réguliers (au moins deux grilles), du plus fin au plus grossier, chaque nœud de maillage étant espacé d'un autre d'une distance $2qh$, tel que $q \in \mathbb{N}$ représente le niveaux de la grille. Pour des raisons de simplicité, nous ne décrirons, ci-après, que le principe général de résolution d'une méthode à deux grilles sur laquelle sont basées, d'ailleurs, l'ensemble des méthodes multigrilles. On considère un système linéaire creux (2.11) discrétisé sur un maillage Ω_h de pas $h = \frac{1}{n+1}$, n étant le nombre de points de discrétisation :

$$A_h x_h = b_h, \quad sur \quad \Omega_h, \qquad (2.11)$$

où A_h, x_h et b_h représentent, respectivement, la matrice creuse, le vecteur solution et le second membre du système discrétisé sur Ω_h. La résolution de ce système par une méthode itérative permet de trouver seulement une approximation x_h à la solution exacte x_h^* sur Ω_h. L'erreur algébrique e_h et le résidu r_h de cette solution approximative peuvent être calculés comme suit :

$$e_h = x_h^* - x_h, \qquad (2.12)$$

$$r_h = b_h - A_h x_h, \qquad (2.13)$$

De ces deux dernières formules, nous pouvons déduire l'équation de l'erreur suivante :

$$A_h e_h = r_h, \quad sur \quad \Omega_h, \qquad (2.14)$$

L'objectif de la méthode bigrille [77] est de réduire les basses fréquences de l'erreur sur la grille grossière Ω_{2h}, que la méthode itérative n'a pas réussie à éliminer sur la gille fine Ω_h. En fait, les basses fréquences de l'erreur sur la grille fine apparaissent comme des hautes fréquences de l'erreur sur la grille grossière, qui sont faciles à éliminer par les méthodes itératives. Le principe général d'une méthode bigrille repose sur la résolution de l'équation de l'erreur (2.14) sur la grille grossière Ω_{2h}, pour trouver une erreur e_h permettant de corriger la valeur de la solution approximative $x_h : x_h = x_h + e_h$, obtenue après quelques itérations sur la grille fine Ω_h. L'algorithme 2.2 montre les principaux points clés d'une méthode bigrille. Les processus de pré-lissage et de post-lissage consistent à effectuer quelques itérations d'un solveur itératif (par exemple Jacobi ou Gauss-Seidel) sur la grille fine, afin d'éliminer les hautes fréquences de l'erreur. Les deux opérateurs de restriction R_h^{2h} et de prolongement P_{2h}^h permettent le transfert des données entre la grille fine et la grille grossière. A_{2h} est la matrice d'itération sur la grille grossière, telle que : $A_{2h} = R_h^{2h} A_h P_{2h}^h$. La résolution de l'équation de l'erreur avec une méthode itérative sur la grille grossière (à la ligne 7 de l'algorithme 2.2) permet de trouver l'erreur de correction de la solution approximative x_h obtenue sur la grille fine et ainsi, d'éliminer les basses fréquences de l'erreur.

Algorithm 2.2: Algorithme général d'une méthode bigrille

Entrées: A (matrice), b (vecteur)

Sorties: x (vecteur)

1   choisir x_h^0 solution initiale, ε seuil de tolérance;

2   *convergence* $\leftarrow$ *faux*;

3   **tant que** $\neg convergence$ **faire**

4   Pré-lissage : résoudre $A_h x_h = b_h$ sur Ω_h;

5   Calcul du résidu : $r_h = b_h - A_h x_h$;

6   Restriction sur Ω_{2h} : $r_{2h} = R_h^{2h} r_h$;

7   Résoudre : $A_{2h} e_{2h} = r_{2h}$ sur Ω_{2h};

8   Prolongement sur Ω_h : $e_h = P_{2h}^h e_{2h}$;

9   Correction : $x_h = x_h + e_h$;

10   Post-lissage : résoudre $A_h x_h = b_h$ sur Ω_h;

11   *convergence* $\leftarrow (\|b_h - A_h x_h\| < \varepsilon)$;

12    $x_h^0 \leftarrow x_h$;

13   **fin**

Cependant, dans la pratique, les méthodes multigrilles ne se limitent pas à deux grilles pour obtenir une convergence rapide. Elles sont, souvent, appliquées avec plusieurs grilles de plus en plus grossières : Ω_h, Ω_{2h}, Ω_{4h}, Ω_{8h}, $\cdots$. L'idée générale de ces méthodes est l'application récursive du principe de la méthode bigrille. En effet, les méthodes multigrilles appliquent une méthode bigrille pour résoudre l'équation de l'erreur (ligne 7 de l'algorithme 2.2), afin de trouver une meilleure correction de la solution approximative. Il existe plusieurs versions de ce type de méthodes, par exemple V-cycle, W-cycle ou FMG, qui sont présentées dans [17, 18, 75].

2.2   Formats de stockage des matrices creuses

La plupart des méthodes itératives est basée sur des opérations de calcul traitant des vecteurs et des matrices (voir section 2.1.2). Cependant, parmi toutes ces opérations, seule la multiplication matrice-vecteur est considérée comme l'opération la plus importante des méthodes itératives, car elle est souvent très coûteuse en termes de temps d'exécution et d'occupation espace mémoire. Par conséquent, l'efficacité d'une méthode itérative dépend fortement de la performance de calcul de sa multiplication matrice-vecteur.

En outre, dans le cas des systèmes linéaires creux, la multiplication matrice-vecteur nécessite, aussi, une attention très particulière pour le format de stockage de la matrice creuse dans la mémoire. Le stockage naïf, ligne par ligne ou colonne par colonne, d'une matrice creuse peut causer une perte considérable d'espace mémoire et de temps de calcul. En fait, les éléments nuls de la matrice sont sauvegardés dans la mémoire alors que leur prise en compte dans la multiplication est totalement inutile. De plus, la nature creuse de la matrice engendre, souvent, des accès irréguliers à la mémoire pour la lecture de ses éléments non nuls et ceci, ne peut que dégrader encore davantage la performance de la multiplication matrice-vecteur.

Néanmoins, une matrice creuse permet, aussi, de tirer profit de son aspect creux et ce, en ne sauvegardant que ses éléments non nuls, qui permettra ainsi, de réduire la taille de la mémoire nécessaire pour le stockage et d'accélérer le calcul de la multiplication matrice-vecteur. Il existe dans la littérature [68, 14], plusieurs formats de stockage compressés pour les matrices creuses. Ils permettent un accès facile aux éléments non nuls en connaissant leurs coordonnées dans la mémoire et une exécution intelligente des opérations de calcul sur ces éléments. Dans la présente section, nous décrivons au total cinq formats de compression des matrices creuses, qui sont intéressants pour la suite de ce document.

2.2.1   COO

COO (Coordinate) est un format de stockage particulièrement simple. Il permet de représenter une matrice creuse sous forme d'une structure de données composée de trois tableaux : un tableau de réels, Val, contenant tous les éléments non nuls de la matrice creuse A et deux tableaux d'entiers, Lig et Col, contenant les indices de lignes et les indices de colonnes de ces éléments non nuls, respectivement. Les trois tableaux ont une taille nnz (nombre d'éléments non nuls de la matrice). La figure 2.1 décrit le format COO pour une matrice creuse d'ordre (4×4), A, et l'algorithme 2.3 présente la multiplication matrice-vecteur pour ce format de stockage.

Dans le format COO, les éléments non nuls d'une matrice creuse peuvent être stockés ligne par ligne (voir l'exemple de la figure 2.1), colonne par colonne ou dans un ordre quelconque. Cependant, ce format n'est efficace que pour les matrices creuses non structurées, autrement,

$$A = \begin{bmatrix} a_{00} & 0 & 0 & a_{03} \\ 0 & 0 & a_{12} & 0 \\ a_{20} & a_{21} & a_{22} & 0 \\ 0 & a_{31} & 0 & a_{33} \end{bmatrix}$$

$$Val = [\ \ a_{00}\ \ a_{03}\ \ a_{12}\ \ a_{20}\ \ a_{21}\ \ a_{22}\ \ a_{31}\ \ a_{33}\ \ ]$$
$$Lig = [\ \ 0\ \ \ \ 0\ \ \ \ 1\ \ \ \ 2\ \ \ \ 2\ \ \ \ 2\ \ \ \ 3\ \ \ \ 3\ \ \ ]$$
$$Col = [\ \ 0\ \ \ \ 3\ \ \ \ 2\ \ \ \ 0\ \ \ \ 1\ \ \ \ 2\ \ \ \ 1\ \ \ \ 3\ \ \ ]$$

FIGURE 2.1 – Format de stockage COO

nous pouvons remarquer que dans le cas de stockage ligne par ligne (ou colonne par colonne), le tableau *Lig* (respectivement, le tableau *Col*) peut contenir des informations redondantes successives qui pointent le même indice de ligne (respectivement, le même indice de colonne). Cela impliquerait un espace mémoire non négligeable pour stocker une grande matrice creuse structurée.

Algorithm 2.3: Multiplication matrice-vecteur avec le format COO

Entrées: Val, Lig et Col (matrice), nnz (nombre d'éléments non nuls), n (taille de la matrice), x (vecteur)

Sorties: y (vecteur)

1 variables i, j, id;
2 **pour** $i = 0$ **a** $n - 1$ **faire**
3    $y[i] \leftarrow 0$;
4 **fin**
5 **pour** $id = 0$ **a** $nnz - 1$ **faire**
6    $i \leftarrow Lig[id]$;
7    $j \leftarrow Col[id]$;
8    $y[i] \leftarrow y[i] + Val[id] \times x[j]$;
9 **fin**

2.2.2 CSR vs. CSC

Les formats CSR (Compressed Sparse Row) et CSC (Compressed Sparse Column) sont, probablement, les plus connus et les plus utilisés pour le stockage des matrices creuses. En effet, ce sont deux formats qui ne posent aucune condition sur la structure creuse de la matrice

$$A = \begin{bmatrix} a_{00} & 0 & 0 & a_{03} \\ 0 & 0 & a_{12} & 0 \\ a_{20} & a_{21} & a_{22} & 0 \\ 0 & a_{31} & 0 & a_{33} \end{bmatrix}$$

$$CSR : \begin{cases} Val &=& [\quad a_{00} \quad a_{03} \quad a_{12} \quad a_{20} \quad a_{21} \quad a_{22} \quad a_{31} \quad a_{33} \qquad] \\ Col &=& [\quad 0 \quad\; 3 \quad\;\; 2 \quad\;\; 0 \quad\;\; 1 \quad\;\; 2 \quad\;\; 1 \quad\;\; 3 \qquad] \\ Ptr &=& [\quad 0 \qquad\quad 2 \quad\; 3 \qquad\qquad\; 6 \qquad\quad 8\;] \end{cases}$$

$$CSC : \begin{cases} Val &=& [\quad a_{00} \quad a_{20} \quad a_{21} \quad a_{31} \quad a_{12} \quad a_{22} \quad a_{03} \quad a_{33} \qquad] \\ Lig &=& [\quad 0 \quad\;\; 2 \quad\;\; 2 \quad\;\; 3 \quad\;\; 1 \quad\;\; 2 \quad\;\; 0 \quad\;\; 3 \qquad] \\ Ptr &=& [\quad 0 \qquad\quad 2 \qquad\quad 4 \qquad\quad 6 \qquad\quad 8\;] \end{cases}$$

FIGURE 2.2 – Format de stockage CSR et CSC

et ne permettent de stocker que les informations nécessaires sur la matrice. Ils permettent de représenter la matrice creuse sous forme de trois tableaux de données. Comme le format COO, le format CSR (respectivement, CSC) stocke les nnz éléments non nuls de la matrice et leurs indices de colonnes (respectivement, leurs indices de lignes) ligne par ligne (respectivement, colonne par colonne) dans deux tableaux distincts Val et Col (respectivement, Val et Lig). Un troisième tableau d'une taille $n+1$, Ptr, est utilisé pour stocker la position du premier élément non nul de chaque ligne de la matrice (respectivement, de chaque colonne de la matrice). La figure 2.2 donne les formats de stockage CSR et CSC de la matrice creuse A donnée comme exemple. Les algorithmes 2.4 et 2.5 présentent une multiplication matrice-vecteur avec le format CSR et celle avec le format CSC, respectivement.

Les formats CSR et CSC sont sûrement les plus économes en espace mémoire pour le stockage des matrices creuses mais, ils ne sont pas forcément les plus efficaces. En effet, d'après l'algorithme 2.4, chaque opération atomique ($y[i] \leftarrow y[i] + Val[id] \times x[j]$) de la multiplication matrice-vecteur CSR nécessite le chargement de l'indice de colonne et un accès indirect à la mémoire pour lire la valeur du vecteur x correspondante. De même, pour le format CSC (algorithme 2.5), chaque opération atomique de la multiplication requiert un chargement de l'indice de ligne et puis un accès indirect à la mémoire pour écrire la valeur du vecteur y à l'adresse correspondante. Donc, la multiplication sur des matrices ayant des lignes ou des colonnes très creuses engendrera des accès mémoires très irréguliers, ce qui dégradera certainement sa performance de calcul.

Algorithm 2.4: Multiplication matrice-vecteur avec le format CSR

Entrées: Val, Col et Ptr (matrice), n (taille de la matrice), x (vecteur)

Sorties: y (vecteur)

1   variables i, j, id;
2   **pour** $i = 0$ **a** $n - 1$ **faire**
3     $y[i] \leftarrow 0$;
4   **fin**

5   **pour** $i = 0$ **a** $n - 1$ **faire**
6   **pour** $id = Ptr[i]$ **a** $Ptr[i + 1] - 1$ **faire**
7       $j \leftarrow Col[id]$;
8       $y[i] \leftarrow y[i] + Val[id] \times x[j]$;
9   **fin**
10 **fin**

Algorithm 2.5: Multiplication matrice-vecteur avec le format CSC

Entrées: Val, Lig et Ptr (matrice), n (taille de la matrice), x (vecteur)

Sorties: y (vecteur)

1   variables i, j, id;
2   **pour** $i = 0$ **a** $n - 1$ **faire**
3     $y[i] \leftarrow 0$;
4   **fin**

5   **pour** $j = 0$ **a** $n - 1$ **faire**
6   **pour** $id = Ptr[j]$ **a** $Ptr[j + 1] - 1$ **faire**
7       $i \leftarrow Lig[id]$;
8       $y[i] \leftarrow y[i] + Val[id] \times x[j]$;
9   **fin**
10 **fin**

2.2.3 ELLPACK/ITPACK

ELLPACK/ITPACK, ou plus couramment ELL, est parmi les structures de données les plus génériques pour le stockage des matrices creuses dans la mémoire. De plus, elle est plus particulièrement adaptée à la représentation des matrices, plus ou moins, structurées et aux calculs sur des architectures vectorielles. Le stockage en format ELL d'une matrice creuse, A, de taille $(n \times n)$, ayant au maximum m éléments non nuls par ligne, utilise deux matrices de données de taille $(n \times m)$: une matrice de réels, Val, et une matrice d'entiers, Col. Une ligne

$$A = \begin{bmatrix} a_{00} & 0 & 0 & a_{03} \\ 0 & 0 & a_{12} & 0 \\ a_{20} & a_{21} & a_{22} & 0 \\ 0 & a_{31} & 0 & a_{33} \end{bmatrix}$$

$$Val = \begin{bmatrix} a_{00} & a_{03} & * \\ a_{12} & * & * \\ a_{20} & a_{21} & a_{22} \\ a_{31} & a_{33} & * \end{bmatrix}, \quad Col = \begin{bmatrix} 0 & 3 & * \\ 2 & * & * \\ 0 & 1 & 2 \\ 1 & 3 & * \end{bmatrix}$$

FIGURE 2.3 – Format de stockage ELL

d'indice i de chacune des matrices Val et Col correspond aux éléments non nuls et leurs indices de colonne, respectivement, de la ligne d'indice i de la matrice creuse A. Les lignes qui ont moins de m éléments non nuls dans la matrice creuse A sont complétées par des zéros dans les matrices Val et Col. La figure 2.3 montre un stockage ELL d'une matrice creuse de taille (4×4). Dans cet exemple, les matrices Val et Col sont complétées par des étoiles ($*$), qui correspondent aux zéros dans la mémoire. L'algorithme 2.6 montre la multiplication matrice-vecteur avec le format ELL, telles que les deux matrices Val et Col soient stockées ligne par ligne dans la mémoire.

Algorithm 2.6: Multiplication matrice-vecteur avec le format ELL

Entrées: Val et Col (matrice), n (taille de la matrice), m (nombre maximum d'éléments non nuls par ligne), x (vecteur)

Sorties: y (vecteur)

1 variables i, j, l, id;
2 **pour** $i = 0$ a $n - 1$ **faire**
3     $y[i] \leftarrow 0$;
4 **fin**

5 **pour** $i = 0$ a $n - 1$ **faire**
6   **pour** $l = 0$ a $m - 1$ **faire**
7        $id \leftarrow m \times i + l$;
8        $j \leftarrow Col[id]$;
9        $y[i] \leftarrow y[i] + Val[id] \times x[j]$;
10   **fin**
11 **fin**

2.2.4 HYB

Le format hybride (HYB) est la combinaison de deux structures de données, qui sont le format ELL et le format COO. Bien que le format de stockage ELL soient bien adapté aux multiplications matrice-vecteur calculées sur des architectures vectorielles, son efficacité se dégrade rapidement lorsque le nombre d'éléments non nuls varie substantiellement d'une ligne de matrice à une autre, ce qui est souvent le cas avec les matrices creuses non structurées. En revanche, la performance des multiplications matrice-vecteur basées sur le format de stockage COO est insensible aux variations du nombre d'éléments non nuls par ligne de la matrice creuse.

Le principe de la structure de données HYB consiste à stocker un nombre typique m d'éléments non nuls par ligne en format ELL et le reste des éléments non nuls des lignes exceptionnelles en format COO. Le nombre typique m est souvent déterminé a priori de telle sorte que la majorité de la matrice creuse ait une structure régulière et ainsi, soit facile à représenter en format ELL. De cette manière, le format HYB hérite l'efficacité du format ELL due à ses accès réguliers à la mémoire et la flexibilité du format COO qui est insensible à la structure creuse de la matrice. La figure 2.4 illustre la structure de données HYB d'une matrice creuse A d'ordre (4×4), utilisant un format ELL avec 2 éléments par ligne ($m = 2$). L'algorithme 2.7 présente le code d'une multiplication matrice-vecteur avec le format de stockage HYB.

$$A = \begin{bmatrix} a_{00} & 0 & 0 & a_{03} \\ 0 & 0 & a_{12} & 0 \\ a_{20} & a_{21} & a_{22} & 0 \\ 0 & a_{31} & 0 & a_{33} \end{bmatrix}$$

$$ELL: \quad Val_{ell} = \begin{bmatrix} a_{00} & a_{03} \\ a_{12} & * \\ a_{20} & a_{21} \\ a_{31} & a_{33} \end{bmatrix}, \quad Col_{ell} = \begin{bmatrix} 0 & 3 \\ 2 & * \\ 0 & 1 \\ 1 & 3 \end{bmatrix}$$

$$COO: \quad Val_{coo} = [a_{22}], \quad Lig_{coo} = [2], \quad Col_{coo} = [2]$$

FIGURE 2.4 – Format de stockage HYB

Algorithm 2.7: Multiplication matrice-vecteur avec le format HYB

Entrées: Val_{ell} et Col_{ell} (matrice ELL), Val_{coo}, Lig_{coo} et Col_{coo} (matrice COO), n (taille de la matrice ELL), m (nombre maximum d'éléments non nuls par ligne dans la matrice ELL), nnz (nombre d'éléments non nuls dans la matrice COO), x (vecteur)

Sorties: y (vecteur)

1 variables i, j, l, id;
2 **pour** $i = 0$ a $n - 1$ **faire**
3 $\quad$ $y[i] \leftarrow 0$;
4 **fin**

5 **pour** $i = 0$ a $n - 1$ **faire**
6 $\quad$ **pour** $l = 0$ a $m - 1$ **faire**
7 $\quad\quad$ $id \leftarrow n \times i + l$;
8 $\quad\quad$ $j \leftarrow Col_{ell}[id]$;
9 $\quad\quad$ $y[i] \leftarrow y[i] + Val_{ell}[id] \times x[j]$;
10 $\quad$ **fin**
11 **fin**

12 **pour** $id = 0$ a $nnz - 1$ **faire**
13 $\quad$ $i \leftarrow Lig_{coo}[id]$;
14 $\quad$ $j \leftarrow Col_{coo}[id]$;
15 $\quad$ $y[i] \leftarrow y[i] + Val_{coo}[id] \times x[j]$;
16 **fin**

2.3 Parallélisation des méthodes itératives

L'adaptation des solveurs itératifs aux architectures des calculateurs parallèles est devenue une nécessité impérieuse pour la résolution des systèmes linéaires creux de taille toujours croissante. En effet, les calculateurs parallèles fournissent les ressources et la puissance de calcul nécessaires pour une résolution haute performance de grands systèmes linéaires creux.

La parallélisation d'un solveur itératif sur une plateforme parallèle, comportant p processeurs, requiert tout d'abord un partitionnement des données du système linéaire à résoudre sur l'ensemble des p processeurs. Le partitionnement de données consiste à attribuer aux différents processeurs des portions, plus ou moins égales, des vecteurs et des matrices impliqués dans le solveur itératif. Par la suite, tous les processeurs procèdent, en parallèle, à la résolution de leurs parties du système linéaire, en appliquant les itérations d'une même méthode itérative mais sur des données différentes. Toutefois, les calculs locaux des différents processeurs sont liés par des dépendances de données, qui permettent la résolution du système global. A cet effet, des points de synchronisation doivent être mis en place dans un solveur itératif parallèle, lors desquels des données partagées sont échangées entre des processeurs voisins.

Dans ce document, nous nous intéressons à la parallélisation des méthodes itératives sur des plateformes de calcul parallèle à mémoire distribuée. Donc, lors des points de synchronisation, les dépendances de données sont gérées par des communications à passage de messages entre les processeurs. Les algorithmes parallèles des méthodes itératives peuvent être classifiés selon la nature synchrone ou asynchrone de leurs itérations ainsi que celle de leurs communications [9].

2.3.1 Méthodes itératives SISC

Les solveurs itératifs parallèles les plus classiques sont ceux dits à Itérations Synchrones et Communications Synchrones (SISC). Le synchronisme des itérations décline du fait que chaque processeur ne peut commencer le calcul de sa nouvelle itération que lorsqu'il reçoit, de la part de tous ses voisins, les données partagées calculées à l'itération précédente. Ainsi, tous les processeurs commencent le calcul de la même itération au même temps et effectuent les échanges de données partagées à la fin de chaque itération par le biais des communications globales synchrones.

La figure 2.5 montre un schéma d'exécution d'un algorithme parallèle SISC. Le synchronisme des itérations des solveurs itératifs parallèles SISC impliquent, exactement, le même nombre d'itérations que leurs homologues en séquentiel. Par conséquent, les conditions de leur convergence sont faciles à déterminer, vu qu'elles sont identiques à celles des solveurs itératifs séquentiels. Cependant, l'utilisation des communications synchrones peut pénaliser les performances de ce type d'algorithmes. En fait, les communications synchrones engendrent, souvent, des temps d'inactivité des processeurs (les espaces blancs entre deux itérations calculées par un même processeur dans la figure 2.5), dues soit à l'attente pour un processeur (ou des processeurs) qu'il soit prêt pour communiquer ou à la vitesse lente des communications synchrones elles-mêmes dans la plateforme de calcul parallèle.

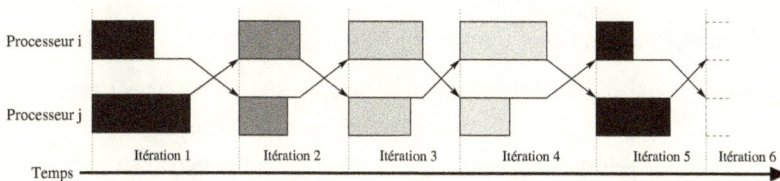

FIGURE 2.5 – Exemple de schéma d'exécution d'un solveur itératif parallèle SISC avec deux processeurs

2.3.2 Méthodes itératives SIAC

Un autre type de solveurs itératifs parallèles a été conçu pour améliorer les performances de résolution sur les plateformes à réseau d'interconnexion lent et/ou hétérogène. Ce sont les solveurs à Itérations Synchrones et Communications Asynchrones (SIAC). Il permettent de réduire les temps d'inactivité des processeurs entre deux itérations successives, en utilisant des communications asynchrones et cela, tout en maintenant le principe des itérations synchrones. En effet, comme les algorithmes SISC, un processeur attend toujours la réception de toutes les données partagées, calculées par ses voisins à l'itération précédente, avant de commencer les calculs de la nouvelle itération. Toutefois, les communications synchrones globales utilisées, pour les échanges de données partagées, dans les algorithmes SISC sont remplacées par des envois asynchrones et des réceptions bloquantes.

La figure 2.6 montre un exemple de schéma d'exécution d'un solveur itératif parallèle SIAC. Les conditions de convergence des solveurs itératifs SIAC sont identiques à ceux des solveurs itératifs SISC et ainsi, à ceux des solveurs itératifs séquentiels. Cependant, les communications asynchrones permettent d'effectuer des chevauchements entre les calculs et les échanges de données. En fait, un processeur peut envoyer les données partagées à son voisin dès qu'elles soient prêtes à être utilisées dans les calculs de la nouvelle itération, ce qui permet de réduire les temps d'attente de réception de données entre deux itérations successives.

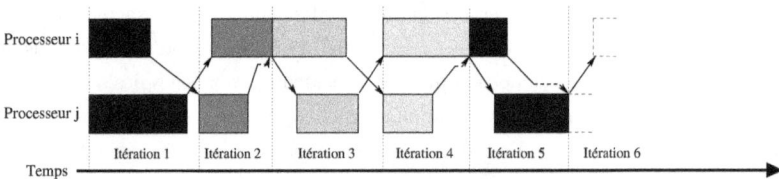

FIGURE 2.6 – Exemple de schéma d'exécution d'un solveur itératif parallèle SIAC avec deux processeurs

2.3.3 Méthodes itératives AIAC

Les méthodes itératives parallèles synchrones de type SISC ou SIAC ont été, largement, utilisées pour la résolution de grands systèmes linéaires creux. Elles sont, relativement, faciles à mettre en œuvre et présentent des taux de convergence, plus ou moins, rapides selon la méthode utilisée. Néanmoins, le synchronisme de leurs itérations et/ou de leurs communications pénalise sévèrement les performances de résolution sur des grilles de calcul à clusters géographiquement distants. En effet, ce type d'architectures parallèles est souvent caractérisé par la latence forte de ses liens de communications (plus précisément les liens inter-clusters) et par l'hétérogénéité de ses ressources.

Les solveurs itératifs parallèles conçus pour améliorer les performances de résolution sur les plateformes à ressources hétérogènes et géographiquement distantes sont ceux dits à Itérations Asynchrones et Communications Asynchrones (AIAC). Dans ce type de solveurs parallèles, chaque processeur exécute ses propres itérations sans prendre en compte la progression de l'exécution de celles des autres processeurs. En effet, un processeur passe d'une itération à l'autre sans attendre l'arrivée des nouvelles données partagées mises à jour par ses voisins. Il utilise les données locales et les dernières versions des données partagées disponibles au début du calcul de chaque itération. De plus, pour assurer l'asynchronisme des itérations, les solveurs itératifs AIAC utilisent des communications asynchrones de type envois et réceptions non bloquants.

La figure 2.7 présente un schéma d'exécution d'un solveur itératif parallèle de type AIAC. Nous pouvons remarquer que l'asynchronisme des itérations et des communications permet aux processeurs d'éviter les temps d'inactivité et d'exécuter des itérations différentes à un moment donné de la résolution. De ce fait, certains processeurs peuvent être plus rapides dans leurs calculs et effectuer plus d'itérations que les autres. Cependant, les solveurs itératifs asynchrones AIAC ont des conditions de convergence plus strictes et effectuent plus d'itérations que les solveurs synchrones SISC et SIAC. Par conséquent, ils nécessitent une analyse plus élaborée pour déterminer les bons indicateurs de convergence.

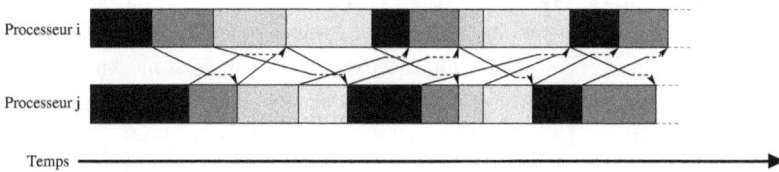

FIGURE 2.7 – Exemple de schéma d'exécution d'un solveur itératif parallèle AIAC avec deux processeurs

2.4 Conclusion

Dans ce chapitre, nous avons commencé par présenter les méthodes de résolution de systèmes linéaires creux. Premièrement, nous avons abordé l'analyse des méthodes directes qui permettent de trouver la solution exacte en un nombre d'opérations élémentaires fini. Cependant, pour la résolution de systèmes linéaires creux, nous avons mis en évidence l'existence d'une opération de remplissage à l'étape de factorisation des matrices creuses. L'opération de remplissage est très coûteuse en termes de temps d'exécution et d'espace mémoire et, plus précisément, pour les matrices creuses de grande taille. Ensuite, nous avons décrit les méthodes itératives qui permettent de calculer une solution approximative en exécutant des itérations successives d'un même bloc d'opérations élémentaires. Nous avons cité trois grandes familles de méthodes itératives à savoir : les méthodes stationnaires, les méthodes non stationnaires et les méthodes multigrilles. Celles-ci sont plus adaptées à la résolution de systèmes linéaires de grande taille et plus faciles à paralléliser.

Puis, nous avons étudié différentes structures de données des matrices creuses en mémoire. Elles permettent un stockage optimisé des éléments non nuls des matrices creuses, de façon à ce que les accès en lecture/écriture à la mémoire soient faciles à effectuer. Par conséquence, elles permettent d'améliorer les performances de calcul des méthodes de résolution. Enfin, nous avons donné les principaux points clés de la parallélisation des méthodes itératives sur les plateformes de calcul parallèle à mémoire distribuée, afin de résoudre des systèmes linéaires creux à très grande échelle. Nous avons présenté trois différentes méthodes itératives parallèles, classifiées selon la nature synchrone ou asynchrone de leurs itérations et/ou de leurs communications. Les méthodes synchrones sont plus efficaces sur des petites grappes homogènes ayant des liens de communications rapides, alors que les méthodes asynchrones offrent de meilleures performances sur les plateformes à grappes hétérogènes et géographiquement distantes.

Dans la suite de ce document, nous nous intéresserons à la parallélisation des méthodes itératives sur des grappes de calcul équipées de cartes graphiques GPUs. Nous décrirons les principaux points clés des algorithmes parallèles de quelques méthodes itératives, les plus utilisées, pour la résolution de systèmes linéaires ou non linéaires creux. Ensuite, nous effectuerons une comparaison de performance entre les solveurs itératifs parallèles mis en œuvre sur les grappes de GPUs et les mêmes solveurs mis en œuvre sur les grappes CPUs.

Chapitre 3

Solveurs linéaires creux sur grappes GPU

D ANS les deux premiers chapitres, nous avons, d'abord, présenté les caractéristiques des architectures matérielles et logicielles des plateformes de calcul parallèle multi-GPUs puis, nous avons décrit les différentes méthodes de résolution des systèmes linéaires creux. Dans celui-ci, nous décrivons les différentes étapes de mise en œuvre sur une grappe de GPUs de deux méthodes itératives, à savoir : le gradient conjugué (CG) et la généralisation de la méthode de minimisation du résidu (GMRES), en vue de l'accélération de la résolution de systèmes linéaires creux de grandes dimensions.

Dans la section 3.1, nous décrivons le principe général de résolution de ces deux méthodes itératives. Puis, dans la section 3.2, nous donnons les principaux points clés de leurs mises en œuvre sur un processeur graphique GPU. Enfin, dans la section 3.3, nous présentons les différentes étapes de mise en œuvre parallèle des deux méthodes sur une grappe de GPUs et nous comparons leurs performances de résolution obtenues sur une grappe GPU avec celles obtenues sur une grappe traditionnelle CPU. De plus, nous montrons l'intérêt de réduire le nombre de communications entre les nœuds de calcul dans une grappe GPU, permettant ainsi l'amélioration des temps de résolution. En fait, nous utilisons un format de stockage compressé des vecteurs creux, nécessaires pour les multiplications matrice creuse-vecteur, et un partitionnement de données hypergraphe de la matrice creuse du système linéaire à résoudre.

3.1 Méthodes itératives de Krylov

Soit le système de n équations linéaires suivant :

$$Ax = b. \tag{3.1}$$

où $A \in \mathbb{R}^{n \times n}$ est une matrice carrée creuse et inversible, $x \in \mathbb{R}^n$ est le vecteur solution, $b \in \mathbb{R}^n$ est le vecteur second membre et $n \in \mathbb{N}$ est un grand entier naturel.

Parmi les méthodes itératives efficaces pour la résolution de systèmes linéaires creux de grandes tailles figurent celles des sous-espaces de Krylov. Les deux méthodes de Krylov les plus largement utilisées sont : le gradient conjugué (CG) et la généralisation de la méthode de minimisation du résidu (GMRES). La méthode CG donne de bons résultats uniquement pour les systèmes linéaires symétriques alors que la méthode GMRES est bien adaptée pour résoudre des systèmes linéaires asymétriques. Nous présentons, ci-après, les principales propriétés numériques de ces deux méthodes itératives.

3.1.1 Gradient conjugué

La méthode de gradient conjugué CG a été initialement conçue par Hestenes et Stiefel en 1952 [47]. Elle compte parmi les méthodes itératives les plus connues pour la résolution de systèmes linéaires creux de grandes tailles. De plus, elle peut être aussi adaptée pour résoudre des systèmes d'équations non linéaires et des problèmes d'optimisation. Toutefois, elle ne peut être appliquée qu'aux problèmes à matrices symétriques définies positives (valeurs propres strictement positives).

Comme pour toutes les méthodes de Krylov, l'idée générale de la méthode CG est de calculer dans un sous-espace de Krylov d'ordre k, $\mathcal{K}_k(A, r_0)$, une séquence de solutions approximatives, $\{x_k\}_{k \geq 0}$, comme suit :

$$x_k \in x_0 + \mathcal{K}_k(A, r_0), \tag{3.2}$$

telle que la condition de Galerkin doit être satisfaite :

$$r_k \perp \mathcal{K}_k(A, r_0), \tag{3.3}$$

où x_0 est la solution initiale et $r_k = b - Ax_k$ est le résidu de la solution x_k. En fait, CG est basée sur la construction d'une suite, $\{p_k\}_{k \in \mathbb{N}}$, de vecteurs de direction dans $\mathcal{K}_k$, qui sont A-conjugués (A-orthogonaux) deux à deux comme suit :

$$p_i^T A p_j = 0, \quad i \neq j. \tag{3.4}$$

A chaque itération k, une solution approximative x_k est calculée par récurrence en utilisant le vecteur solution x_{k-1}, calculé à l'itération précédente, et le vecteur de direction p_k :

$$x_k = x_{k-1} + \alpha_k p_k, \quad \alpha_k \in \mathbb{R}. \tag{3.5}$$

Par conséquent, les résidus r_k sont calculés de la même façon comme suit :

$$r_k = r_{k-1} - \alpha_k A p_k. \tag{3.6}$$

Dans le cas où tous les résidus sont non nuls, les vecteurs de directions p_k peuvent être déterminés de façon à ce que la récurrence suivante soit vérifiée :

$$p_0 = r_0, \quad p_k = r_k + \beta_k p_{k-1}, \quad \beta_k \in \mathbb{R}. \tag{3.7}$$

Algorithm 3.1: Algorithme du gradient conjugué préconditionné

Entrées: A (matrice), b (vecteur), M (matrice de préconditionnement), x_0 (solution
        initiale), ε (seuil de tolérance), max (nombre maximum d'itérations)

Sorties: x (vecteur)

1   $r_0 \leftarrow b - Ax_0$;

2   $convergence \leftarrow faux$;

3   $k \leftarrow 1$;

4   **tant que** ($\neg convergence$) **faire**

5     $z_k \leftarrow M^{-1}r_{k-1}$;

6     $\rho_k \leftarrow (r_{k-1}, z_k)$;

7   **si** ($k = 1$) **alors**

8        $p_k \leftarrow z_k$;

9   **sinon**

10       $\beta_k \leftarrow \rho_k/\rho_{k-1}$;

11       $p_k \leftarrow z_k + \beta_k \times p_{k-1}$;

12   **fin**

13    $q_k \leftarrow A \times p_k$;

14    $\alpha_k \leftarrow \rho_k/(p_k, q_k)$;

15    $x_k \leftarrow x_{k-1} + \alpha_k \times p_k$;

16    $r_k \leftarrow r_{k-1} - \alpha_k \times q_k$;

17   **si** ($\rho_k < \varepsilon$) **ou** ($k \geq max$) **alors**

18       $convergence \leftarrow vrai$;

19   **sinon**

20       $k \leftarrow k + 1$;

21   **fin**

22 **fin**

En outre, les scalaires α_k sont choisis de façon à minimiser l'erreur $\|x^* - x_k\|_A$ en norme A dans
le sous-espace de Krylov (x^* est la solution exacte). Les scalaires β_k sont choisis de façon à ce
que les vecteurs de direction soient A-conjugués deux à deux. Par conséquent, en considérant
la matrice A symétrique, les deux récurrences (3.6) et (3.7) permettent de déduire que :

$$\alpha_k = \frac{r_{k-1}^T r_{k-1}}{p_k^T A p_k}, \quad \beta_k = \frac{r_k^T r_k}{r_{k-1}^T r_{k-1}}. \tag{3.8}$$

Les principaux points clés de la méthode CG préconditionné à gauche sont donnés dans
l'algorithme 3.1. M représente la matrice de préconditionnement et $(\cdot, \cdot)$ définit le produit

scalaire de deux vecteurs dans $\mathbb{R}$. A chaque itération k, l'algorithme 3.1 détermine un vecteur de direction p_k, qui peut être orthogonal au résidu préconditionné z_k ainsi qu'à tous les vecteurs de direction définis dans les itérations précédentes $\{p_j\}_{0<j<k}$ (de la ligne 7 à la ligne 12 de l'algorithme). Ensuite, il calcule la solution approximative x_k en fonction de la solution x_{k-1} et du vecteur de direction p_k (ligne 15). Enfin, il met à jour la valeur du résidu r_k de la solution calculée (ligne 16). La méthode CG converge, tout au plus, après n itérations. Cependant, dans la pratique, elle se termine lorsque le seuil de tolérance résiduelle ε et/ou le nombre maximum d'itérations autorisé sont atteints.

3.1.2 Généralisation de la méthode de minimisation du résidu

La méthode GMRES est une méthode itérative développée par Saad et Schultz en 1986 [69]. Elle est une généralisation de la méthode de minimisation du résidu MINRES [66]. En effet, en plus de la résolution des systèmes linéaires symétriques définis, GMRES permet aussi de résoudre des systèmes symétriques indéfinis ou asymétriques.

L'idée générale de la méthode GMRES est de trouver une approximation, x_k, de la solution exacte qui permet de minimiser au mieux le résidu r_k. En fait, GMRES permet de calculer cette solution approximative x_k dans le sous-espace de Krylov $\mathcal{K}_k$ suivant :

$$\mathcal{K}_k(A, v_1) \equiv \text{engendré}\{v_1, Av_1, A^2v_1, ..., A^{k-1}v_1\} \quad \text{où} \quad v_1 = \frac{r_0}{\|r_0\|_2}, \tag{3.9}$$

de façon à ce que la condition Petrov-Galerkin soit satisfaite :

$$r_k \perp A\mathcal{K}_k(A, v_1). \tag{3.10}$$

GMRES utilise le processus d'Arnoldi [6] pour construire une base orthonormée V_k pour le sous-espace de Krylov $\mathcal{K}_k$ et une matrice de Hessenberg supérieure $\bar{H}_k$ d'ordre $(k + 1) \times k$:

$$V_k = \{v_1, v_2, ..., v_k\}, \quad \text{tel que :} \quad \forall k > 1, v_k = A^{k-1}v_1 \tag{3.11}$$

et

$$AV_k = V_{k+1}\bar{H}_k. \tag{3.12}$$

Ensuite, à chaque itération k, une solution approximative x_k est calculée dans le sous-espace de Krylov $\mathcal{K}_k$ engendré par V_k comme suit :

$$x_k = x_0 + V_k y, \quad y \in \mathbb{R}^k. \tag{3.13}$$

Des deux formules (3.12) et (3.13) et avec $r_k = b - Ax_k$, nous pouvons déduire :

$$\begin{aligned}
r_k &= b - A(x_0 + V_k y) \\
&= r_0 - AV_k y \\
&= \beta v_1 - V_{k+1}\bar{H}_k y \\
&= V_{k+1}(\beta e_1 - \bar{H}_k y),
\end{aligned} \tag{3.14}$$

Algorithm 3.2: Algorithme du GMRES préconditionné

Entrées: A (matrice), b (vecteur), M (matrice de préconditionnement), x_0 (solution initiale), ε (seuil de tolérance), max (nombre maximum d'itérations), m (nombre d'itérations pour le processus d'Arnoldi)

Sorties: x (vecteur)

1   $r_0 \leftarrow M^{-1}(b - Ax_0)$;

2   $\beta \leftarrow \|r_0\|_2$;

3   $\alpha \leftarrow \|M^{-1}b\|_2$;

4   $convergence \leftarrow faux$;

5   $k \leftarrow 1$;

6   **tant que** ($\neg convergence$) **faire**

7      $v_1 \leftarrow r_0/\beta$;

8   **pour** $j = 1$ a m **faire**

9        $w_j \leftarrow M^{-1}Av_j$;

10   **pour** $i = 1$ a j **faire**

11          $h_{i,j} \leftarrow (w_j, v_i)$;

12          $w_j \leftarrow w_j - h_{i,j} \times v_i$;

13   **fin**

14        $h_{j+1,j} \leftarrow \|w_j\|_2$;

15        $v_{j+1} \leftarrow w_j/h_{j+1,j}$;

16   **fin**

17   Mettre $V_m = \{v_j\}_{1 \leq j \leq m}$ et $\bar{H}_m = (h_{i,j})$ matrice de Hessenberg d'ordre $(m + 1) \times m$;

18   Résoudre le problème de moindres carrés de taille m : $\min\limits_{y \in \mathbb{R}^m} \|\beta e_1 - \bar{H}_m y\|_2$;

19      $x_m \leftarrow x_0 + V_m y$;

20      $r_m \leftarrow M^{-1}(b - Ax_m)$;

21      $\beta \leftarrow \|r_m\|_2$;

22   **si** ($\frac{\beta}{\alpha} < \varepsilon$) **ou** ($k \geq max$) **alors**

23        $convergence \leftarrow vrai$;

24   **sinon**

25        $x_0 \leftarrow x_m$;

26        $r_0 \leftarrow r_m$;

27        $k \leftarrow k + 1$;

28   **fin**

29 **fin**

---

tels que $\beta = \|r_0\|_2$ et $e_1 = (1, 0, ..., 0)$ est le premier vecteur de la base canonique de $\mathbb{R}^k$. Donc, le vecteur y est choisi dans $\mathbb{R}^k$ de façon à minimiser, au mieux, la norme euclidienne du résidu r_k. Ceci revient à résoudre le problème de moindres carrés linéaires de taille k suivant :

$$\min_{y \in \mathbb{R}^k} \|r_k\|_2 = \min_{y \in \mathbb{R}^k} \|\beta e_1 - \bar{H}_k y\|_2. \tag{3.15}$$

La solution de ce problème s'obtient grâce à la factorisation QR de la matrice $\bar{H}_k$ par des rotations de Givens [68, 69], tel que :

$$\bar{H}_k = Q_k R_k, \quad Q_k \in \mathbb{R}^{(k+1) \times (k+1)}, \quad R_k \in \mathbb{R}^{(k+1) \times k}, \tag{3.16}$$

où $Q_k Q_k^T = I_k$ et R_k est une matrice triangulaire supérieure.

La méthode GMRES permet de trouver une solution avec une précision suffisante, tout au plus, après n itérations (n étant la taille du système à résoudre). Cependant, l'algorithme GMRES doit construire et stocker en mémoire une base orthonormée V_k d'une taille proportionnelle au nombre d'itérations nécessaire pour converger. Donc, pour éviter un stockage énorme en mémoire, la méthode GMRES doit être redémarrée à chaque m itérations, m étant très petit ($m \ll n$), et avec x_m comme solution initiale. Ceci permet de limiter la taille de la base V à m vecteurs orthogonaux.

L'algorithme 3.2 illustre les principaux points clés de celui de GMRES avec redémarrage. Il permet de résoudre un système linéaire creux préconditionné à gauche, telle que M soit la matrice de préconditionnement. A chaque itération k, GMRES utilise le processus d'Arnoldi (défini de la ligne 7 à la ligne 17 de l'algorithme 3.2) pour construire une base orthonormée V_m de m vecteurs orthogonaux et une matrice de Hessenberg $\bar{H}_m$ d'ordre $(m + 1) \times m$. Puis, elle procède à la résolution du problème de moindres carrés (ligne 18) pour trouver le vecteur $y \in \mathbb{R}^m$ qui permet de minimiser, au mieux, le résidu. Enfin, elle calcule la solution approximative x_m dans le sous-espace de Krylov engendré par V_m (ligne 19). L'algorithme de résolution GMRES s'arrête lorsque la norme résiduelle euclidienne est suffisamment petite et/ou le nombre maximum d'itérations est atteint.

3.2   Solveurs linéaires creux sur un GPU

Dans cette section, nous présentons les principaux points clés de la mise œuvre des solveurs CG et GMRES sur un seul processeur graphique GPU pour résoudre des systèmes linéaires creux. Puis, nous effectuons une comparaison de leurs performances obtenues sur un GPU avec celles obtenues sur un processeur traditionnel CPU. Nous utilisons l'environnement de programmation CUDA pour le codage des kernels GPU.

3.2.1 Mise en œuvre sur un GPU

Une mise en œuvre efficace des algorithmes CG et GMRES sur un GPU nécessite, tout d'abord et avant tout, de déterminer toutes les parties de leurs codes qui peuvent être exécutées en parallèle et ainsi, bénéficier d'une accélération sur le GPU. Comme la plupart des méthodes des sous-espaces de Krylov, les itérations de CG et de GMRES sont, principalement, basées sur des opérations arithmétiques vectorielles : multiplications matrice-vecteur, multiplications scalaire-vecteur, produits scalaires, normes euclidiennes, opérations AXPY ($y \leftarrow ax + y$ où x et y sont des vecteurs et a un scalaire), etc. Ces opérations sont souvent faciles à paralléliser et plus efficaces sur des architectures parallèles lorsqu'elles opèrent sur de grands vecteurs. Donc, toutes les opérations vectorielles des algorithmes CG et GMRES doivent être exécutées par le GPU sous formes de kernels.

Dans les codes CG et GMRES écrits en CUDA, la déclaration de chaque kernel est précédée par une entête `__global__` ou `__device__` qui permet de le différencier des fonctions séquentielles à exécuter par le CPU. En fait, CUDA utilise les qualificatifs `__global__` ou `__device__` pour définir les fonctions à exécuter par le GPU et appelées par le CPU ou par le GPU, respectivement. Tout appel d'un CPU à un kernel `__global__` doit spécifier la configuration de la grille de threads à exécuter par le GPU en utilisant la syntaxe suivante :

$$\lll nbBlocs, nbThreads \ggg$$

où *nbBlocs* est le nombre de blocs de threads dans la grille et *nbThreads* est le nombre de threads par bloc. Le nombre de blocs de threads dans la grille d'un kernel est, généralement, dicté par le nombre de données à traiter. Dans nos mises en œuvre GPU, nous avons utilisé la formule (3.17) pour calculer ce nombre, *nbBlocs*, de façon à ce que nous ayons un thread par ligne de matrice ou un thread par élément de vecteur :

$$nbBlocs = \frac{n + nbThreads - 1}{nbThreads}, \qquad (3.17)$$

où n définit la taille du système linéaire à résoudre.

Le code présenté dans la figure 3.1 illustre un exemple de programme écrit en CUDA permettant de calculer un produit scalaire-vecteur. La première ligne du kernel `Produit_Scalaire_Vecteur()` permet de calculer un indice unique pour chaque thread en fonction de ses coordonnées dans la grille de threads. Dans cet exemple, les coordonnées des threads et celles des blocs de threads sont définies sur une seule dimension (axe de coordonnées X) : `threadIdx.x` et `blockIdx.x`, respectivement. La variable `blockDim.x` définit la taille de chaque bloc de threads sur une dimension et elle est équivalente à `nbThreads` dans cet exemple. Par ailleurs, le nombre de blocs de threads dans la grille est défini par le CPU en utilisant la formule (3.17) (ligne 3 du programme principal). A la ligne 8, le CPU fait appel au kernel `Produit_Scalaire_Vecteur()` qui permet de multiplier le scalaire *alpha* par le vecteur x et de mettre le résultat dans le vecteur y.

```
/* Kernel à exécuter par le GPU */
   __global__
   void Produit_Scalaire_Vecteur(int n, double a, double *x, double *y)
   {
1:     int id = blockIdx.x * blockDim.x + threadIdx.x; //ID du thread dans la grille

2:     if(id < n)
3:        y[id] = a * x[id];
   }


/* Programme principal à exécuter par le CPU */
   void main(int argc, char** argv)
   {
1:     int n = 256 * 256 * 256;              //Taille du vecteur
2:     int nbThreads = 512;                  //Nombre de threads par bloc
3:     int nbBlocs = (n + nbThreads - 1) / nbThreads; //Nombre de blocs de threads
4:     double *x, *y, alpha;

5:     //Initialiser le scalaire alpha
6:     //Allouer les espaces mémoires GPU pour les vecteurs x et y
7:     //Initialiser les éléments du vecteur x dans la mémoire GPU
       ...
8:     Produit_Scalaire_Vecteur<<<nbBlocs,nbThreads>>>(n, alpha, x, y);
       ...
   }
```

FIGURE 3.1 – Exemple de programme CUDA pour le calcul d'un produit scalaire-vecteur

Enfin, la troisième ligne du kernel montre que le calcul du produit scalaire-vecteur est effectué en parallèle par n threads CUDA tel que chaque thread soit en charge d'un élément de chacun des vecteurs x et y.

Pour la mise en œuvre GPU de certaines opérations vectorielles des solveurs CG et GMRES, nous avons utilisé les kernels standardisés de la bibliothèque CUBLAS (CUDA Basic Linear Algebra Subroutines) développée par nVIDIA [27]. Cette bibliothèque possède un ensemble de fonctions, mises en œuvre en CUDA, permettant de réaliser des opérations de base de l'algèbre linéaire. Donc, nous avons utilisé de cette bibliothèque les kernels suivants : cublasDdot() pour les produits scalaires, cublasDnrm2() pour les normes euclidiennes et cublasDaxpy() pour les opérations AXPY. Pour le reste des opérations parallélisables, nous avons codé leurs kernels en CUDA. Pour le solveur CG, nous avons développé un kernel pour l'opération XPAY ($y \leftarrow x + ay$) utilisée à la ligne 11 de l'algorithme 3.1. Pour le solveur GMRES, nous avons programmé un kernel pour les multiplications scalaire-vecteur (lignes 7 et 15 de l'algorithme 3.2), un kernel pour la résolution du problème de moindres carrés (linge 18) et un kernel pour la mise à jour des valeurs du vecteur solution x (ligne 19).

La résolution du problème de moindres carrés dans la méthode GMRES est basée sur :
— une factorisation QR de la matrice de Hessenberg $\bar{H}_m$ en utilisant des rotations planes,
— une résolution par des substitutions arrière pour calculer y qui minimise au mieux le résidu.

Donc, la mise en œuvre de cette opération en GPU nécessite des dépendances de données entre threads CUDA. Ceci signifie que son exécution en parallèle sur un GPU n'est pas intéressante. Cependant, le problème de moindres carrés à résoudre dans la méthode GMRES avec redémarrage possède, généralement, une taille m très petite. Par conséquent, nous lui avons développé un kernel de résolution peu coûteux qui doit être exécuté en séquentiel par un seul thread CUDA.

Par ailleurs, l'opération la plus importante des solveurs CG et GMRES est la multiplication matrice creuse-vecteur. C'est une opération coûteuse en termes de temps d'exécution et d'espace mémoire. De plus, elle effectue des accès irréguliers à la mémoire pour lire les valeurs non nulles de la matrice creuse. Ceci signifie que sa mise en œuvre sur un GPU utilisera des accès non coalescents à la mémoire globale qui ralentiront encore davantage ses performances. A cet effet, nous avons utilisé le format compressé HYB (voir section 2.2.4) pour le stockage de la matrice creuse en mémoire globale GPU. Il donne, en général, de bonnes performances pour le calcul de la multiplication matrice creuse-vecteur sur les GPUs [14]. Par conséquent, nous avons utilisé le kernel HYB de la bibliothèque CUPS [1] développé par nVIDIA pour la mise en œuvre de cette multiplication sur le GPU. Par contre, pour la mise en œuvre sur un CPU, nous avons utilisé le format de stockage CSR (voir section 2.2.2) pour le calcul de la multiplication matrice creuse-vecteur.

L'exécution des solveurs CG et GMRES sur le GPU nécessite un chargement de données du système linéaire creux à résoudre de la mémoire CPU vers la mémoire GPU, à savoir : la matrice creuse A, le vecteur solution initiale x_0, le vecteur second membre b et la matrice de préconditionnement M. Pour cela, nous avons utilisé les deux routines CUBLAS `cublasAlloc()` et `cublasSetVector()`, respectivement, pour l'allocation et le chargement de données dans la mémoire globale GPU. Ensuite, durant la résolution du système linéaire, le processus CPU agit comme un contrôleur de l'exécution de la boucle principale (`Tant que ... faire`) du solveur linéaire creux (CG ou GMRES) et le GPU exécute tous les kernels codés à l'intérieur de cette boucle. Enfin, la solution du système linéaire creux x est copiée de la mémoire GPU vers la mémoire CPU en utilisant la routine CUBLAS `cublasGetVector()`.

La figure 3.2 montre les prototypes des routines CUBLAS que nous avons utilisées pour la mise en œuvre des méthodes CG et GMRES sur un GPU. Elles sont définies comme suit :
— `cublasAlloc()` permet de réserver un espace mémoire GPU de n éléments, chacun ayant une taille de $TailleElement$ octets. Si l'allocation mémoire est réalisée avec succès, un

```
/* Allocation mémoire GPU */
cublasAlloc(int n, int TailleElement, void **VectGPU);


/* Copie de la mémoire CPU vers la mémoire GPU */
cublasSetVector(int n, int TailleElement,
                const void *VectCPU, int incx,
                void *VectGPU, int incy
                );


/* Copie de la mémoire GPU vers la mémoire CPU */
cublasGetVector(int n, int TailleElement,
                const void *VectGPU, int incx,
                void *VectCPU, int incy
                );


/* Produit scalaire de deux vecteurs en double précision */
double res = cublasDdot(int n, const double *x, int incx, const double *y, int incy);


/* Norme euclidienne d'un vecteur en double précision */
double res = cublasDnrm2(int n, const double *x, int incx);


/* Opération AXPY de deux vecteurs en double précision */
cublasDaxpy(int n, double alpha, const double *x, int incx, double *y, int incy);


/* Libération de la mémoire GPU */
cublasFree(const void *VectGPU);
```

FIGURE 3.2 – Routines CUBLAS utilisées pour la mise en œuvre sur un GPU

pointeur vers cet espace mémoire réservé est placé dans la variable $VectGPU$,

— cublasSetVector() permet de copier n éléments du vecteur $VectCPU$ dans la mémoire CPU vers le vecteur $VectGPU$ dans la mémoire GPU. Les éléments des deux vecteurs $VectCPU$ et $VectGPU$ ont une taille de $TailleElement$ octets chacun. L'écart mémoire espaçant deux éléments consécutifs est $incx$ dans le vecteur source $VectCPU$ et $incy$ dans le vecteur destination $VectCPU$,

— cublasGetVector() a le même rôle que la routine cublasSetVector(). Cependant, elle permet de copier n éléments, chacun ayant $TailleElement$ octets, du vecteur source $VectGPU$ dans la mémoire GPU vers le vecteur destination $VectCPU$ dans la mémoire CPU,

— cublasDdot() permet de calculer sur un GPU le produit scalaire de deux vecteurs x et y, de n éléments chacun en double précision. Le résultat de ce produit est placé dans la variable res,

— `cublasDnrm2()` permet de calculer sur un GPU la norme euclidienne d'un vecteur x de n éléments en double précision. La norme calculée est placée dans la variable *res*,

— `cublasDaxpy()` permet de réaliser sur un GPU une opération AXPY entre deux vecteurs x et y, de n éléments chacun en double précision. Elle multiplie le vecteur x par le scalaire double précision *alpha* puis, additionne le résultat au vecteur y,

— `cublasFree()` permet de libérer l'espace mémoire GPU référencé par le pointeur *VectGPU*.

3.2.2   Expérimentations sur un CPU équipé d'un GPU

Nous avons testé les performances des deux solveurs linéaires creux CG et GMRES sur un CPU de type Xeon E5620 équipé d'une carte graphique GPU Fermi C2070. Le processeur Xeon E5620 est un Quad-Core cadencé à $2,4$ GHz, possédant 12 Go de RAM avec un débit mémoire de $25,6$ Go/s. Le GPU Fermi C2070 possède 448 cœurs cadencés à $1,15$ GHz et une mémoire globale de 6 Go avec un débit mémoire de 144 Go/s. Nous avons utilisé le langage de programmation C pour les mises en œuvre CPU et GPU des deux solveurs et l'environnement de programmation CUDA version 4.0 pour le codage des kernels GPU.

Tous les tests ont été effectués sur des opérations à virgule flottante double précision. Les paramètres de résolution des deux solveurs ont été initialisés comme suit : le seuil de tolérance résiduelle $\varepsilon = 10^{-12}$, le nombre maximum d'itérations $max = 500$, tous les éléments du vecteur solution initiale ont été initialisés à 0 et ceux du vecteur second membre ont été initialisés à 1. De plus, pour le solveur GMRES, nous avons limité le processus d'Arnoldi à 16 itérations ($m = 16$). Pour des raisons de simplicité, nous avons choisi de prendre, pour chaque système linéaire à résoudre, une matrice de préconditionnement M équivalente à la diagonale principale de la matrice creuse A. En effet, ceci nous permet de calculer aisément l'inverse de la matrice M et il permet de fournir un préconditionnement relativement bon pour la plupart des matrices creuses qui ne sont pas très mal conditionnées. La taille des blocs de threads pour le calcul GPU est initialisée à 512 threads. Enfin, les résultats de performance présentés dans ce chapitre sont obtenus à partir de la valeur moyenne de dix exécutions du même solveur pour les mêmes données d'entrée.

Nous avons testé les deux solveurs CG et GMRES sur des matrices réelles choisies dans la collection de l'université de Floride [30]. En effet, cette collection contient un ensemble de matrices creuses provenant d'un large éventail d'applications concrètes du monde réel. Nous avons choisi de cette collection, au total, douze matrices creuses : six matrices symétriques et six matrices asymétriques. La figure 3.3 montre la structure de ces douze matrices creuses et le tableau 3.1 présente leurs principales caractéristiques, à savoir : le nombre de lignes de matrice, le nombre de valeurs non nulles et la largeur de bande maximale. La largeur de bande d'une matrice est définie comme le nombre de colonnes de matrice qui séparent la première et la dernière valeur non nulle dans une ligne de matrice.

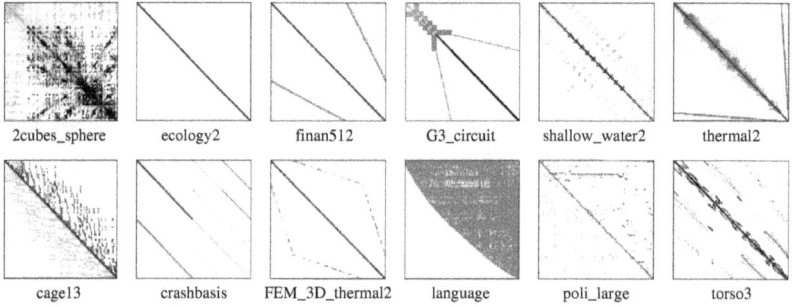

FIGURE 3.3 – Structures des matrices creuses choisies dans la collection de l'université de Floride

Type de matrice	Nom de la matrice	# Lignes de matrice	# Valeurs non nulles	Largeur de bande
Symétrique	2cubes_sphere	101.492	1.647.264	100.464
	ecology2	999.999	4.995.991	2.001
	finan512	74.752	596.992	74.725
	G3_circuit	1.585.478	7.660.826	1.219.059
	shallow_water2	81.920	327.680	58.710
	thermal2	1.228.045	8.580.313	1.226.629
Asymétrique	cage13	445.315	7.479.343	318.788
	crashbasis	160.000	1.750.416	120.202
	FEM_3D_thermal2	147.900	3.489.300	117.827
	language	399.130	1.216.334	398.622
	poli_large	15.575	33.074	15.575
	torso3	259.156	4.429.042	216.854

TABLE 3.1 – Principales caractéristiques des matrices choisies de la collection de l'université de Floride

Les tableaux 3.2 et 3.3 montrent, respectivement, les performances des solveurs CG et GMRES pour la résolution des systèmes linéaires associés aux matrices creuses présentées dans le tableau 3.1. Cependant, le tableau 3.2 présente uniquement les performances de résolution des systèmes linéaires symétriques, en raison de l'incapacité de la méthode CG de résoudre les systèmes asymétriques. Les deuxième et troisième colonnes des deux tableaux 3.2 et 3.3 donnent, respectivement, les temps d'exécution en secondes sur un cœur CPU ($Temps_{cpu}$) et sur un GPU ($Temps_{gpu}$). Toutefois, nous prenons en considération le gain relatif, τ, d'une méthode de résolution mise en œuvre sur un GPU par rapport à la même méthode mise en œuvre

Matrice	$Temps_{cpu}$	$Temps_{gpu}$	τ	# iter	prec	Δ
2cubes_sphere	$0,071s$	$0,011s$	$6,22$	12	$1,14e-09$	$3,47e-18$
ecology2	$0,324s$	$0,030s$	$10,76$	13	$5,06e-09$	$1,11e-16$
finan512	$0,028s$	$0,006s$	$4,81$	12	$3,52e-09$	$2,22e-16$
G3_circuit	$0,697s$	$0,064s$	$10,84$	16	$4,16e-10$	$5,55e-16$
shallow_water2	$0,009s$	$0,002s$	$5,23$	5	$2,24e-14$	$3,88e-26$
thermal2	$0,762s$	$0,081s$	$9,37$	15	$5,11e-09$	$3,33e-16$

TABLE 3.2 – Performances du solveur CG sur un cœur CPU vs. sur un GPU

Matrice	$Temps_{cpu}$	$Temps_{gpu}$	τ	# iter	prec	Δ
2cubes_sphere	$0,198s$	$0,028s$	$7,17$	21	$2,10e-14$	$4,34e-18$
ecology2	$1,316s$	$0,093s$	$14,18$	21	$4,30e-13$	$9,28e-14$
finan512	$0,089s$	$0,015s$	$6,10$	17	$3,21e-12$	$5,55e-16$
G3_circuit	$2,271s$	$0,157s$	$14,45$	22	$1,04e-12$	$2,37e-14$
shallow_water2	$0,083s$	$0,013s$	$6,36$	17	$5,42e-22$	$1,68e-25$
thermal2	$2,053s$	$0,165s$	$12,44$	21	$6,58e-12$	$3,33e-16$
cage13	$1,003s$	$0,088s$	$11,40$	26	$3,37e-11$	$1,75e-14$
crashbasis	$1,454s$	$0,150s$	$9,66$	121	$9,24e-12$	$1,48e-12$
FEM_3D_thermal2	$0,963s$	$0,098s$	$9,82$	64	$3,87e-09$	$1,82e-12$
language	$2,464s$	$0,226s$	$10,91$	90	$1,18e-10$	$1,16e-10$
poli_large	$0,062s$	$0,035s$	$1,78$	69	$5,00e-11$	$1,36e-12$
torso3	$4,053s$	$0,373s$	$10,86$	175	$2,69e-10$	$1,78e-14$

TABLE 3.3 – Performances du solveur GMRES sur un cœur CPU vs. sur un GPU

sur un CPU. En effet, les gains relatifs, présentés dans la quatrième colonne de chaque tableau, sont calculés sous formes de rapports entre les temps d'exécution $Temps_{cpu}$ et $Temps_{gpu}$ comme suit :

$$\tau = \frac{Temps_{cpu}}{Temps_{gpu}}. \tag{3.18}$$

A partir de ces gains relatifs, nous pouvons remarquer que la résolution de systèmes linéaires creux sur un GPU est plus rapide que sur un CPU. Ceci est dû au fait que le GPU permet d'accélérer le calcul des deux solveurs (CG et GMRES) en exécutant chacune de leurs opérations vectorielles en parallèle par un grand nombre de threads. Pour l'ensemble des tests effectués, les gains relatifs de CG et de GMRES sur un GPU sont en moyenne, respectivement, de 7 et 9. Cependant, la résolution d'un système linéaire creux symétrique avec la méthode CG, que ce soit sur un CPU ou sur un GPU, est plus rapide qu'avec la méthode GMRES (en moyenne 4 fois plus rapide sur ces exemples). En effet, CG possède une convergence meilleure (moins d'itérations) que celle de GMRES et, les itérations sont calculées plus rapidement avec CG qu'avec GMRES. De plus, nous pouvons aussi remarquer que les gains relatifs obtenus avec GMRES sont sensiblement meilleurs que ceux obtenus avec CG. Ceci revient au fait que la méthode CG, par rapport à GMRES, est basée sur un ensemble d'opérations moins compliquées et faciles à réaliser sur un processeur traditionnel CPU.

En plus des temps d'exécution et des gains relatifs, nous donnons dans les tableaux 3.2 et 3.3 le nombre d'itérations, *iter*, effectuées pour résoudre un système linéaire creux, la précision, *prec*, de la solution calculée sur le GPU et la différence, Δ, entre la solution calculée sur le CPU et celle calculée sur le GPU. Les deux paramètres Δ et *prec* permettent de valider et de vérifier la précision de la solution calculée sur le GPU. Nous les avons calculés comme suit :

$$\Delta = max|x^{cpu} - x^{gpu}|, \tag{3.19}$$

$$prec = max|M^{-1}r^{gpu}|, \tag{3.20}$$

où Δ est l'élément maximum, en valeur absolue, de la différence entre les deux solutions x^{cpu} et x^{gpu} calculées, respectivement, sur un CPU et sur un GPU et *prec* est l'élément maximum, en valeur absolue, du vecteur résiduel $r^{gpu} \in \mathbb{R}^n$ de la solution x^{gpu}. Ainsi, nous pouvons constater que les solutions obtenues sur le GPU ont été calculées avec une précision suffisante (environ 10^{-10}) et qu'elles sont, plus ou moins, équivalentes à celles calculées sur le CPU avec une faible différence variant entre 10^{-10} et 10^{-26}.

Enfin, nous pouvons remarquer que le GPU est moins efficace pour la résolution de systèmes linéaires creux de petites tailles. Par exemple, nous pouvons constater dans les tableaux 3.2 et 3.3 que les gains relatifs obtenus des matrices finan512, shallow_water2 et poli_large sont faibles par rapport à ceux des autres matrices. En effet, les petites tailles des systèmes linéaires creux ne permettent pas de maximiser l'utilisation des cœurs GPU (voir section 1.2.3) et, ainsi, d'exploiter au mieux les ressources et la puissance de calcul du GPU. Dans la section suivante, nous étudierons les performances des solveurs CG et GMRES pour la résolution de systèmes linéaires creux de grandes tailles et ce, en exploitant plusieurs GPUs.

3.3 Solveurs linéaires creux sur une grappe GPU

Dans cette section, nous exploitons la puissance de calcul de plusieurs GPUs pour résoudre des systèmes linéaires creux de grandes tailles dépassant les dix millions de valeurs inconnues. Nous présentons, d'abord, la mise œuvre des algorithmes parallèles des deux méthodes CG et GMRES puis leurs performances de résolution ainsi que leurs passages à l'échelle sur une grappe de GPUs. Nous utilisons l'environnement de programmation MPI pour la parallélisation des deux algorithmes.

3.3.1 Mise en œuvre parallèle sur une grappe GPU

La parallélisation des méthodes CG et GMRES sur une grappe GPU est présentée, ci-après, en trois étapes principales.

Partitionnement de données

La mise en œuvre parallèle des algorithmes des méthodes de Krylov sur une architecture parallèle consiste, principalement, en la parallélisation des calculs de leurs opérations vectorielles. Pour cela, elle nécessite un partitionnement de données du système linéaire à résoudre entre les différentes unités de calcul de l'architecture parallèle.

Soit g le nombre de nœuds de calcul dans la grappe GPU, où un nœud de calcul est constitué d'un cœur CPU, géré par un processus lourd MPI, et d'un GPU. Avant de commencer la résolution parallèle, tous les processus MPI procèdent au partitionnement des données du système linéaire creux à résoudre. Ceci consiste à découper tous les vecteurs et matrices impliqués dans l'algorithme de la méthode de résolution (CG ou GMRES) en g portions plus ou moins équilibrées. En effet, le partitionnement de données est réalisé de façon à ce que chaque nœud de calcul i soit en charge :

— d'une portion de $\frac{n}{g}$ éléments de chaque vecteur,

— d'une sous-matrice creuse rectangulaire A_i de taille $(n, \frac{n}{g})$ et,

— d'une sous-matrice carrée de préconditionnement M_i de taille $(\frac{n}{g}, \frac{n}{g})$,

où n est la taille du système linéaire creux. La figure 3.4 illustre un exemple de partitionnement des données (matrice creuse A, vecteur solution x et vecteur second membre b) d'un système linéaire creux de 16 valeurs inconnues entre quatre nœuds de calcul.

Comme nous l'avons déjà mentionné, l'opération la plus importante des méthodes CG et GMRES est la multiplication matrice creuse-vecteur. Dans la mise en œuvre des algorithmes parallèles de ces méthodes, chaque nœud de calcul i réalise cette multiplication par sa sous-matrice rectangulaire creuse A_i. Cependant, il ne dispose que des sous-vecteurs de taille $\frac{n}{g}$ correspondant aux lignes de sa sous-matrice rectangulaire. Par ailleurs, il a aussi besoin des éléments des sous-vecteurs de ses voisins correspondant aux indices de colonnes dans lesquels sa matrice locale A_i possède des valeurs non nulles (voir figure 3.4). Donc, en plus des vecteurs locaux, chaque nœud doit gérer aussi des sous-vecteurs contenant des éléments partagés avec les nœuds voisins, qui sont nécessaires au calcul de la multiplication matrice creuse-vecteur. Par conséquent, le vecteur solution x géré par chaque nœud de calcul doit être composé d'un sous-vecteur local, x^{loc}, de taille $\frac{n}{g}$ et d'un sous-vecteur d'éléments partagés avec les voisins, x^{part}, dont la taille, $taille_{part}$, peut être calculée comme suit :

$$taille_{part} = lg - taille_{loc}, \tag{3.21}$$

où $taille_{loc}$ est le nombre d'éléments du vecteur local x^{loc} et lg est la largeur de bande maximale

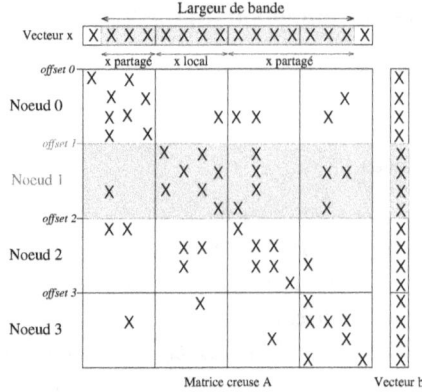

FIGURE 3.4 – Exemple de partitionnement de la matrice creuse A, le vecteur solution x et le vecteur second membre b en quatre portions

de la matrice creuse locale A_i. De la même façon, le vecteur utilisé pour la construction de la base orthonormée de Krylov (le vecteur p pour CG et le vecteur v pour GMRES) est aussi composé d'un sous-vecteur local et d'un sous-vecteur partagé.

Calcul des dépendances de données

Un schéma de dépendances de données entre les nœuds de calcul est dressé de façon à ce que chaque nœud connaisse la liste de ses nœuds voisins dans la grappe et la liste des données partagées avec chacun de ces voisins. Il peut être défini par quatre tableaux d'entiers naturels de taille g (nombre de nœuds de calcul), comme suit :

— *NbDonneesEnvoyees* et *NbDonneesRecues* indiquent, pour chaque nœud voisin, le nombre de données à lui envoyer depuis le sous-vecteur local et celui des données à recevoir de sa part dans le sous-vecteur partagé, respectivement,

— *PtrsEnvoi* et *PtrsRecu* spécifient les déplacements (offsets) des données à envoyer depuis le sous-vecteur local et ceux des données à recevoir dans le sous-vecteur partagé, respectivement, pour chaque nœud voisin.

Les dépendances de données entre les nœuds de la grappe peuvent être déterminées d'une manière simple comme suit. La largeur de bande lg de la matrice locale est représentée par les indices de colonne minimum (*indice_min*) et maximum (*indice_max*), telle que :

$$lg = indice\_max - indice\_min + 1. \qquad (3.22)$$

Ces deux indices de colonne, *indice_min* et *indice_max*, permettent aussi de calculer *ecart_gauche* et *ecart_droite* qui désignent, respectivement, la taille totale des données à recevoir des nœuds voisins ayant un rang inférieur et celle des données à recevoir des nœuds voisins ayant un rang supérieur, tel que :

$$lg = ecart\_gauche + taille_{loc} + ecart\_droite. \tag{3.23}$$

Chaque nœud de calcul doit communiquer à ses voisins le nombre de données dont il a besoin, de chacun d'eux, pour construire son sous-vecteur partagé. Ceci est effectué via des routines de communications point-à-point : bloquantes pour les envois (`MPI_Send()`) et non bloquantes pour les réceptions (`MPI_Irecv()`). Ensuite, chaque nœud procède au calcul des offsets des données à envoyer (tableau *PtrsEnvoi*) depuis le sous-vecteur local et ceux des données à recevoir (tableau *PtrsRecu*) dans le sous-vecteur partagé.

Résolution parallèle

Après l'opération de partitionnement et le calcul des dépendances de données, le processus MPI de chaque nœud de calcul, i, doit allouer des espaces mémoires dans le GPU puis, transférer les données locales (solution initiale $x_{0,i}$, matrice creuse A_i, vecteur second membre b_i et la matrice de préconditionnement M_i) de la mémoire CPU vers la mémoire globale GPU. Les allocations mémoires GPU et les transferts de données du CPU vers le GPU sont effectués via les routines CUBLAS `cublasAlloc()` et `cublasSetVector()`, respectivement.

Ensuite, tous les nœuds de calcul de la grappe GPU procèdent, simultanément, à la résolution de leur portion du système linéaire creux, $A_i x_i = b_i$ où $0 \leq i < g$, en utilisant l'algorithme adapté aux GPUs de la même méthode de résolution CG ou GMRES (voir section 3.2.1). En outre, des synchronisations entre les nœuds sont nécessaires pour la résolution du système linéaire creux global (3.1), ce qui se traduit par des communications des résultats locaux entre nœuds voisins. De ce fait, dans les algorithmes parallèles CG et GMRES, nous avons à chaque itération deux types de points de synchronisation entre nœuds voisins :

— des opérations de réduction après chaque calcul d'un produit scalaire ou d'une norme euclidienne et,

— des échanges de données partagées avant chaque multiplication matrice creuse-vecteur.

Une grappe GPU est une plateforme de calcul parallèle à mémoire distribuée. Donc, les synchronisations et le partage de données entre GPUs sont effectués par passage de messages. Cependant, les GPUs ne peuvent pas échanger des données entre eux d'une manière directe. Ce sont les processeurs CPU, via les processus MPI, qui se chargent de la synchronisation des calculs locaux au sein de la grappe. Nous avons utilisé les routines de communication MPI [29] suivantes :

— la routine de réduction globale `MPI_Allreduce()` de type addition pour le calcul des produits scalaires et normes euclidiennes globaux et,

— la routine de communication collective `MPI_Alltoallv()` pour les échanges de données partagées permettant la construction du vecteur global nécessaire pour le calcul de la multiplication matrice creuse-vecteur. Cette routine est équivalente à MPI_Send() (envois bloquants) et MPI_Irecv() (réceptions non bloquantes).

Cependant, les nouvelles générations GPUs et versions CUDA (CUDA 5 sortie en septembre 2012) permettent aux GPUs de communiquer entre eux d'une manière directe sans l'intervention des CPUs.

Les principaux points clés de la mise en œuvre parallèle des méthodes CG et GMRES sont présentés, respectivement, dans les algorithmes 3.3 et 3.4. Les exposants *loc* et *part* sur les vecteurs x, p dans CG et v dans GMRES désignent, respectivement, les vecteurs locaux et les vecteurs contenant les données partagées avec les voisins. Ce sont les vecteurs nécessaires pour le calcul de la multiplication matrice creuse-vecteur notée par $MultipleMV()$ dans les deux algorithmes. Les fonctions $EchangeDonnees()$ et $ReductionAdd()$ représentent les points de synchronisation des calculs locaux. Elles permettent d'effectuer, respectivement, les échanges de données (MPI_Alltoallv()) et les opérations de réduction de type addition (MPI_Allreduce()) entre les nœuds de calcul. Enfin, la fonction $RacineCarree()$ dans l'algorithme 3.4 permet de calculer la racine carrée d'une valeur réelle.

Chacun des algorithmes 3.3 et 3.4 est à exécuter, simultanément, par tous les nœuds de calcul dans la grappe GPU. Au niveau de chaque nœud, le processus MPI supervise l'exécution de l'algorithme de résolution, la gestion des communications avec les nœuds voisins et l'approvisionnement du GPU en données. Le GPU exécute, à son tour, toutes les fonctions arithmétiques opérant sur des matrices et/ou vecteurs. De plus, pour assurer la synchronisation des calculs locaux au sein de la grappe, les GPUs doivent d'abord communiquer leurs données locales à leurs hôtes respectifs (processus MPI). Puis, en se basant sur le schéma de dépendances de données, les processus MPI effectuent des échanges de données ou des opérations de réduction globales par passage de messages. Enfin, chaque processus MPI doit communiquer à son GPU les nouvelles données mises à jour par les autres GPUs. Nous avons utilisé les routines CUBLAS cublasSetVector() et cublasGetVector() pour la mise en œuvre des communications de données entre un processus MPI et son GPU.

La figure 3.5 présente le code de la fonction de synchronisation la plus importante dans nos algorithmes parallèles à savoir, les échanges de données entre nœuds voisins. En effet, elle nécessite deux types de communications entre les différentes composantes de la grappe GPU : les communications entre un CPU et son GPU via les routines CUBLAS (ligne 5 et 7 dans le code) et les communications entre les CPUs via la communication collective MPI (ligne 6 dans le code). TmpLoc et TmpPart sont deux vecteurs alloués dans la mémoire CPU pour la gestion des données locales et partagées, respectivement. Les échanges de données, via la routine de communication MPI_Alltoallv(), sont basés sur le schéma de dépendances de données ($NbDonneesEnvoyees$, $PtrsEnvoi$, $NbDonneesRecues$ et $PtrsRecu$) pour calculer le sous-vecteur partagé TmpPart.

Algorithm 3.3: Algorithme parallèle du gradient conjugué préconditionné

Entrées: A (matrice), b (vecteur), M (préconditionneur), x_0 (solution initiale locale), ε (seuil de tolérance), max (nombre maximum d'itérations)

Sorties: x^{loc} (vecteur)

1 $EchangeDonnees(x_0, x^{part})$;

2 $r_0 \leftarrow b - MultipleMV(A, x_0, x^{part})$;

3 $convergence \leftarrow faux$;

4 $k \leftarrow 1$;

5 **tant que** ($\neg convergence$) **faire**

6     $z_k \leftarrow M^{-1}r_{k-1}$;

7     $val \leftarrow (r_{k-1}, z_k)$;

8     $\rho_k \leftarrow ReductionAdd(val)$;

9   **si** ($k = 1$) **alors**

10       $p_k^{loc} \leftarrow z_k$;

11   **sinon**

12       $\beta_k \leftarrow \rho_k/\rho_{k-1}$;

13       $p_k^{loc} \leftarrow z_k + \beta_k \times p_{k-1}^{loc}$;

14   **fin**

15     $EchangeDonnees(p_k^{loc}, p^{part})$;

16     $q_k \leftarrow MultipleMV(A, p_k^{loc}, p^{part})$;

17     $val \leftarrow (p_k^{loc}, q_k)$;

18     $\alpha_k \leftarrow \rho_k/ReductionAdd(val)$;

19     $x_k^{loc} \leftarrow x_{k-1}^{loc} + \alpha_k \times p_k^{loc}$;

20     $r_k \leftarrow r_{k-1} - \alpha_k \times q_k$;

21   **si** ($\rho_k < \varepsilon$) **ou** ($k \geq max$) **alors**

22       $convergence \leftarrow vrai$;

23   **sinon**

24       $k \leftarrow k + 1$;

25   **fin**

26 **fin**

Nous avons utilisé le langage de programmation C et l'environnement MPI pour la mise en œuvre parallèle des méthodes CG et GMRES sur une grappe de CPUs. Nous n'avons utilisé aucune bibliothèque de routines d'algèbre linéaire pour les CPUs. Nous avons codé en C toutes les fonctions parallèles de ces deux méthodes : la multiplication matrice creuse-vecteur, les

---

Algorithm 3.4: Algorithme parallèle du GMRES préconditionné

Entrées: A (matrice), b (vecteur), M (préconditionneur), x_0 (solution initiale locale), ε (seuil de tolérance), max (nombre maximum d'itérations), m (nombre de redémarrages)

Sorties: x^{loc} (vecteur)

1   $EcahngeDonnees(x_0, x^{part})$;

2   $r_0 \leftarrow M^{-1} \times (b - MultipleMV(A, x_0, x^{part}))$;

3   $\beta \leftarrow RacineCarree(ReductionAdd(\|r_0\|_2 \times \|r_0\|_2))$;

4   $\alpha \leftarrow RacineCarree(ReductionAdd(\|M^{-1}b\|_2 \times \|M^{-1}b\|_2))$;

5   $convergence \leftarrow faux$;

6   $k \leftarrow 1$;

7   **tant que** ($\neg convergence$) **faire**

8     $v_1^{loc} \leftarrow r_0/\beta$;

9   **pour** $j = 1$ **a** m **faire**

10       $EchangeDonnees(v_j^{loc}, v^{part})$;

11       $w_j \leftarrow M^{-1} \times MultipleMV(A, v_j^{loc}, v^{part})$;

12   **pour** $i = 1$ **a** j **faire**

13         $h_{i,j} \leftarrow ReductionAdd((w_j, v_i^{loc}))$;

14         $w_j \leftarrow w_j - h_{i,j} \times v_i^{loc}$;

15   **fin**

16       $h_{j+1,j} \leftarrow RacineCarree(ReductionAdd(\|w_j\|_2 \times \|w_j\|_2))$;

17       $v_{j+1}^{loc} \leftarrow w_j/h_{j+1,j}$;

18   **fin**

19   Calculer $V_m = \{v_j^{loc}\}_{1 \leq j \leq m}$ et $\bar{H}_m = (h_{i,j})$ matrice de Henssenberg ; Résoudre le problème de moindres carrés de taille m : $\min_{y \in \mathbb{R}^m} \|\beta e_1 - \bar{H}_m y\|_2$;

20     $x_m^{loc} \leftarrow x_0 + V_m y$;

21     $EchangeDonnees(x_m^{loc}, x^{part})$;

22     $r_m \leftarrow M^{-1} \times (b - MultipleMV(A, x_m^{loc}, x^{part}))$;

23     $\beta \leftarrow RacineCarree(ReductionAdd(\|r_m\|_2 \times \|r_m\|_2))$;

24   **si** ($\frac{\beta}{\alpha} < \varepsilon$) **ou** ($k \geq max$) **alors**

25       $convergence \leftarrow vrai$;

26   **sinon**

27       $x_0 \leftarrow x_m^{loc}$;

28       $r_0 \leftarrow r_m$;

29       $k \leftarrow k + 1$;

30   **fin**

31 **fin**

```
/* Procédure d'échange de données entre voisins */
   void EchangeDonnees(double *VectLoc, double *VectPart)
   {
1:     int TailleLoc = n / g;        //Taille du vecteur local
2:     int TaillePart = lg - TailleLoc; //Taille du vecteur partagé
3:     double *TmpLoc, *TmpPart;     //Vecteurs alloués dans le CPU

4:     //Allouer les vecteurs TmpLoc et TmpPart dans le CPU

5:     cublasGetVector(TailleLoc, sizeof(double), VectLoc, 1, TmpLoc, 1);
6:     MPI_Alltoallv(TmpLoc, NbDonneesEnvoyees, PtrsEnvoi, MPI_DOUBLE,
                   TmpPart, NbDonneesRecues, PtrsRecu, MPI_DOUBLE,
                   MPI_COMM_WORLD);
7:     cublasSetVector(TaillePart, sizeof(double), TmpPart, 1, VectPart, 1);

8:     //Libérer les espaces mémoire CPU des vecteurs TmpLoc et TmpPart
   }
```

FIGURE 3.5 – Code de la fonction des échanges de données entre nœuds voisins dans la grappe GPU

opérations arithmétiques vectorielles ainsi que, la résolution du problème de moindres carrés et la mise à jour du vecteur solution dans l'algorithme de la méthode GMRES. Les auteurs [29] ont montré qu'il n'y a pas de grandes différences de performances entre l'utilisation de nos fonctions et celles de la bibliothèque de calcul parallèle scientifique PETSc [3].

3.3.2   Expérimentations sur une grappe GPU

La grappe GPU utilisée pour les tests de performances des solveurs parallèles CG et GMRES est composée de six machines interconnectées entre elles par un réseau de communication haut débit InfiniBand de 20 Go/s. Chaque machine est un CPU Quad-Core Xeon E5530 cadencé à 2,4 GHz, possédant 12 Go de RAM à un débit mémoire de 25,6 Go/s et équipé de deux GPUs Tesla C1060. A son tour, chaque GPU Tesla C1060 est composé de 240 cœurs cadencés à 1,3 GHz, possédant 4 Go de RAM à un débit mémoire de 102 Go/s et connecté au CPU via un PCI-Express 16x Gen2.0 avec un débit de transfert de 8 Go/s. La figure 3.6 montre le schéma général de cette grappe de GPUs. Nous avons utilisé les mêmes paramètres d'initialisation pour les solveurs parallèles CG et GMRES que ceux présentés dans la section 3.2.2.

Les deux tableaux 3.4 et 3.5 présentent les performances des deux algorithmes parallèles CG et GMRES, respectivement, pour la résolution de systèmes linéaires associés aux matrices creuses présentées dans le tableau 3.1. Ils permettent de comparer les performances de ces solveurs parallèles obtenues sur une grappe traditionnelle de 24 cœurs CPU à celles obtenues sur

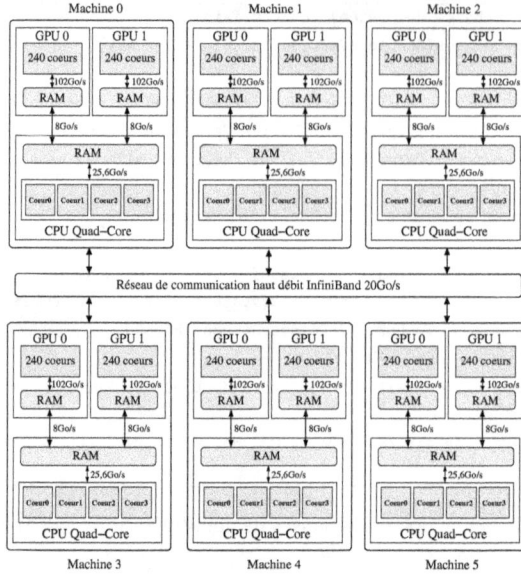

FIGURE 3.6 – Schéma général de la grappe GPU de tests

une grappe de 12 GPUs. Comme nous l'avons déjà mentionné dans la section 3.2.2, l'utilisation de GPUs pour la résolution de systèmes linéaires creux de petites tailles n'est pas efficace. Donc, l'exploitation de plusieurs GPUs ne permet pas de résoudre ces systèmes plus rapidement que sur un seul GPU. En effet, une petite taille de matrice ne permet pas de maximiser l'utilisation des cœurs de tous les GPUs. En outre, les opérations de communications nécessaires pour la synchronisation des calculs des GPUs de la grappe augmentent les temps d'inactivité des GPUs et ralentissent davantage le calcul parallèle.

Matrice	$Temps_{cpu}$	$Temps_{gpu}$	τ	# iter	prec	Δ
2cubes_sphere	$0,132s$	$0,069s$	$1,93$	12	$1,14e-09$	$3,47e-18$
ecology2	$0,026s$	$0,017s$	$1,52$	13	$5,06e-09$	$8,33e-17$
finan512	$0,053s$	$0,036s$	$1,49$	12	$3,52e-09$	$1,66e-16$
G3_circuit	$0,704s$	$0,466s$	$1,51$	16	$4,16e-10$	$4,44e-16$
shallow_water2	$0,017s$	$0,010s$	$1,68$	5	$2,24e-14$	$3,88e-26$
thermal2	$1,172s$	$0,622s$	$1,88$	15	$5,11e-09$	$3,33e-16$

TABLE 3.4 – Performances du solveur parallèle CG sur une grappe de 24 cœurs CPU vs. sur une grappe de 12 GPUs

Matrice	$Temps_{cpu}$	$Temps_{gpu}$	τ	# iter	prec	Δ
2cubes_sphere	$0,234s$	$0,124s$	$1,88$	21	$2,10e-14$	$3,47e-18$
ecology2	$0,076s$	$0,035s$	$2,15$	21	$4,30e-13$	$4,38e-15$
finan512	$0,073s$	$0,052s$	$1,40$	17	$3,21e-12$	$5,00e-16$
G3_circuit	$1,016s$	$0,649s$	$1,56$	22	$1,04e-12$	$2,00e-15$
shallow_water2	$0,061s$	$0,044s$	$1,38$	17	$5,42e-22$	$2,71e-25$
thermal2	$1,666s$	$0,880s$	$1,89$	21	$6,58e-12$	$2,77e-16$
cage13	$0,721s$	$0,338s$	$2,13$	26	$3,37e-11$	$2,66e-15$
crashbasis	$1,349s$	$0,830s$	$1,62$	121	$9,10e-12$	$6,90e-12$
FEM_3D_thermal2	$0,797s$	$0,419s$	$1,90$	64	$3,87e-09$	$9,09e-13$
language	$2,252s$	$1,204s$	$1,87$	90	$1,18e-10$	$8,00e-11$
poli_large	$0,097s$	$0,095s$	$1,02$	69	$4,98e-11$	$1,14e-12$
torso3	$4,242s$	$2,030s$	$2,09$	175	$2,69e-10$	$1,78e-14$

TABLE 3.5 – Performances du solveur parallèle GMRES sur une grappe de 24 cœurs CPU vs. sur une grappe de 12 GPUs

Par conséquent, pour tester les performances de ces deux solveurs parallèles, nous avons développé en langage de programmation C un générateur de matrices creuses de très grandes tailles (dépassant les dix millions de lignes de matrice). Ce générateur permet de construire des matrices creuses de grandes tailles à base de celles de la collection de l'université de Floride [30]. Il doit être exécuté en parallèle par tous les processus MPI de la grappe, de façon à ce que chaque processus puisse construire sa propre sous-matrice creuse, A_i, comme étant un bloc rectangulaire de la matrice globale, A, du système linéaire à résoudre. En fonction de la taille désirée, n, du système linéaire à résoudre et le nombre de nœuds de calcul, g, dans la grappe GPU, chaque processus MPI i calcule la taille, n_i, de la sous-matrice creuse locale et son offset (déplacement), $offset_i$, dans la matrice creuse globale comme suit :

$$n_i = \frac{n}{g}, \tag{3.24}$$

$$offset_i = \begin{cases} 0 & si\ i=0 \\ offset_{i-1}+n_{i-1} & sinon \end{cases} \tag{3.25}$$

Les offsets, $offset_i$, et les tailles, n_i, des sous-matrices locales permettent de calculer le schéma de dépendances de données entre les nœuds de la grappe de calcul.

Pour nos premiers tests de performances, nous nous sommes intéressés aux matrices creuses dites à structures bandes car ce sont celles qui interviennent dans la plupart des problèmes numériques. Donc, pour la génération de la matrice creuse globale A, chaque processus MPI

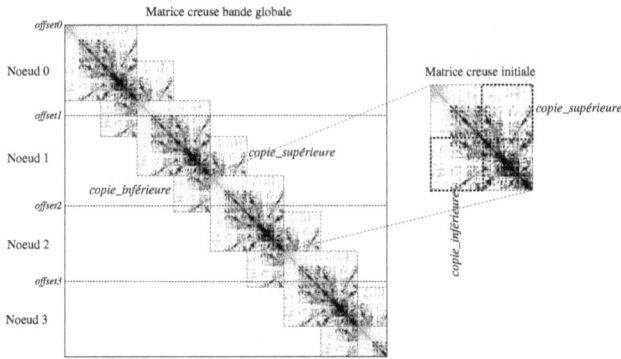

FIGURE 3.7 – Exemple de génération de matrices creuses à structures bandes par quatre nœuds de calcul

Type	Nom	# Valeurs non nulles	Largeur de bande
Symétrique	2cubes_sphere	413.703.602	198.836
	ecology2	124.948.019	2.002
	finan512	278.175.945	123.900
	G3_circuit	125.262.292	1.891.887
	shallow_water2	100.235.292	62.806
	thermal2	175.300.284	2.421.285
Asymétrique	cage13	435.770.480	352.566
	crashbasis	409.291.236	200.203
	FEM_3D_thermal2	595.266.787	206.029
	language	76.912.824	398.626
	poli_large	53.322.580	15.576
	torso3	433.795.264	328.757

TABLE 3.6 – Principales caractéristiques des matrices creuses générées à structure bande

construit sa sous-matrice, A_i, de taille, n_i, en réalisant plusieurs copies de la même matrice creuse choisie dans la collection de l'université de Floride. Puis, il met toutes ces copies sur la diagonale principale de la matrice globale afin de construire une matrice bande. De plus, les espaces vides entre deux copies de matrice consécutives sur la diagonale principale sont remplis par de petites copies, *copie_superieure* et *copie_inferieure*, de la même matrice initiale. La figure 3.7 montre un exemple de génération de matrice bande par quatre nœuds de calcul, en se basant sur la matrice creuse *2cubes_sphere* choisie dans la collection de l'université de Floride.

Matrice	$Temps_{cpu}$	$Temps_{gpu}$	τ	# iter	prec	Δ
2cubes_sphere	$1,617s$	$0,565s$	$2,86$	14	$5,73e-11$	$5,20e-18$
ecology2	$0,851s$	$0,200s$	$4,24$	15	$3,75e-10$	$1,11e-16$
finan512	$1,288s$	$0,504s$	$2,56$	14	$1,04e-10$	$2,77e-16$
G3_circuit	$2,507s$	$0,682s$	$3,68$	17	$1,10e-10$	$5,55e-16$
shallow_water2	$0,416s$	$0,112s$	$3,70$	7	$3,43e-15$	$5,17e-26$
thermal2	$2,499s$	$0,755s$	$3,31$	16	$1,67e-09$	$3,88e-16$

TABLE 3.7 – Performances du solveur parallèle CG pour la résolution des systèmes linéaires creux à matrices bandes sur une grappe de 24 cœurs CPU vs. sur une grappe de 12 GPUs

Matrice	$Temps_{cpu}$	$Temps_{gpu}$	τ	# iter	prec	Δ
2cubes_sphere	$3,683s$	$0,870s$	$4,23$	21	$2,11e-14$	$8,67e-18$
ecology2	$2,570s$	$0,424s$	$6,06$	21	$4,88e-13$	$2,08e-14$
finan512	$2,727s$	$0,533s$	$5,11$	17	$3,22e-12$	$8,82e-14$
G3_circuit	$4,656s$	$1,024s$	$4,54$	22	$1,04e-12$	$5,00e-15$
shallow_water2	$2,268s$	$0,384s$	$5,91$	17	$5,54e-21$	$7,92e-24$
thermal2	$4,650s$	$1,130s$	$4,11$	21	$8,89e-12$	$3,33e-16$
cage13	$6,068s$	$1,054s$	$5,75$	26	$3,29e-11$	$1,59e-14$
crashbasis	$25,906s$	$4,569s$	$5,67$	135	$6,81e-11$	$4,61e-15$
FEM_3D_thermal2	$13,555s$	$2,654s$	$5,11$	64	$3,88e-09$	$1,82e-12$
language	$13,538s$	$2,621s$	$5,16$	89	$2,11e-10$	$1,60e-10$
poli_large	$8,619s$	$1,474s$	$5,85$	69	$5,05e-11$	$6,59e-12$
torso3	$35,213s$	$6,763s$	$5,21$	175	$2,69e-10$	$2,66e-14$

TABLE 3.8 – Performances du solveur parallèle GMRES pour la résolution des systèmes linéaires creux à matrices bandes sur une grappe de 24 cœurs CPU vs. sur une grappe de 12 GPUs

Nous avons utilisé les solveurs parallèles CG et GMRES pour la résolution des systèmes linéaires creux de 25 millions de valeurs inconnues. Les matrices creuses associées à ces systèmes linéaires sont générées à partir de celles présentées dans le tableau 3.1. Leurs principales caractéristiques (nombre de valeurs non nulles et largeur de bande maximale) sont reportées dans le tableau 3.6. Les performances de solveurs parallèles CG et GMRES pour la résolution de ces systèmes linéaires creux sont présentées, respectivement, dans les tableaux 3.7 et 3.8. Bien évidemment, nous pouvons remarquer que la résolution de systèmes linéaires creux de grandes tailles est plus rapide sur la grappe de 12 GPUs que sur la grappe de 24 cœurs CPU (voir les gains relatifs τ). Nous pouvons aussi remarquer que les temps d'exécution de CG, que ce soient sur une grappe de CPUs ou sur une grappe de GPUs, sont sensiblement meilleurs que ceux de GMRES. Comme nous l'avons déjà mentionné, ceci est dû au fait que la méthode CG soit caractérisée par une convergence meilleure et des temps d'exécution des itérations plus courts que ceux de la méthode GMRES.

Toutefois, nous pouvons constater que les gains relatifs obtenus, de la résolution des systèmes linéaires creux, sur une grappe de GPUs (voir tableaux 3.7 et 3.8) sont inférieurs à ceux obtenus sur un seul GPU (voir tableaux 3.2 et 3.3). Ceci est dû aux opérations de communications entre voisins, nécessaires pour la synchronisation des calculs, qui ralentissent les temps de résolution sur une grappe GPU. Dans la section 3.3.3, nous présentons quelques instructions permettant d'améliorer les performances des algorithmes parallèles sur une grappe GPU.

3.3.3 Réduction des coûts de communications entre GPUs

Dans cette section, nous nous intéressons à l'amélioration des temps de résolution des systèmes linéaires creux sur une grappe de GPUs. Pour cela, nous nous focalisons sur l'amélioration de la multiplication parallèle matrice creuse-vecteur des solveurs itératifs et, plus précisément, sur celle des communications de données entre GPUs nécessaires pour cette multiplication.

Les solveurs itératifs CG et GMRES mis en œuvre sur une grappe GPU effectuent, à chaque itération, des multiplications parallèles matrice creuse-vecteur qui nécessitent des temps de calcul importants. En effet, ces multiplications parallèles nécessitent, pour la construction des vecteurs globaux, non seulement des communications MPI entre les nœuds de calcul mais aussi des communications entre un GPU et son hôte CPU au sein d'un même nœud. De plus, ces communications GPU/CPU sont considérées comme les communications les plus lentes au sein d'une grappe GPU. Par exemple, dans la grappe de calcul utilisée (voir figure 3.6), le débit de transfert entre un CPU et son GPU est de 8 Go/s, soit plus de 2 et 12 fois plus faible que le débit de transfert entre CPUs (20 Go/s) et le débit mémoire au sein d'un GPU (102 Go/s), respectivement. D'où, la nécessité de minimiser au mieux la taille de données à transférer entre un GPU et son hôte et de réduire les dépendances de données entre les nœuds de la grappe GPU.

Format de stockage compressé des vecteurs creux partagés

Le calcul naïf de dépendances de données présenté, précédemment, dans la section 3.3.1 permet de construire des vecteurs globaux ayant une taille équivalente à la largeur de bande de la matrice locale. Cependant, nous pouvons remarquer qu'une multiplication parallèle matrice creuse-vecteur n'a souvent pas besoin de tous les éléments du vecteur global constitué des deux sous-vecteurs local et partagé. Par exemple, dans la figure 3.4, le nœud 1 n'a besoin que d'un seul élément de vecteur du nœud 0, de deux éléments du nœud 2 et de deux éléments du nœud

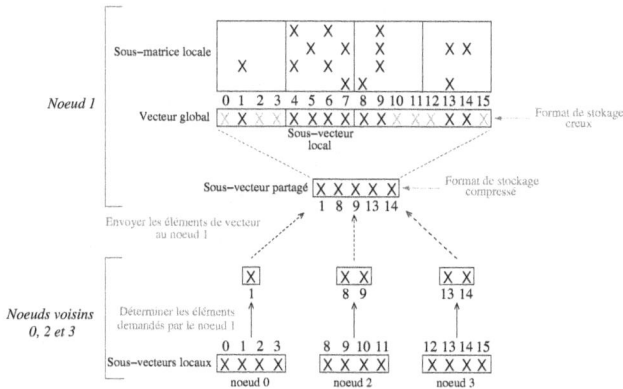

FIGURE 3.8 – Exemple d'échange de données entre un nœud 1 et ses trois voisins 0, 2 et 3

3. Par conséquent, pour réduire le surcoût de communication des données inutiles, les nœuds de calcul ne doivent échanger entre eux que les éléments de vecteur nécessaires pour effectuer leurs multiplications matrice creuse-vecteur.

Le nouveau processus permet de calculer les tableaux formant le schéma global de dépendances de données ($NbDonneesRecues$, $NbDonneesEnvoyees$, $PtrsRecu$ et $PtrsEnvoi$) ainsi que, les deux listes $VoisinsRecu$ et $VoisinsEnvoi$ des nœuds voisins de qui recevoir ou à qui envoyer des éléments de vecteur partagés et les listes $IndicesRecu$ et $IndicesEnvoi$ des indices des éléments de vecteur à recevoir ou à envoyer aux nœuds voisins. Chaque nœud doit communiquer à ses voisins le nombre et la liste des indices des éléments de vecteur à recevoir ($IndicesRecu$) de la part de chacun d'eux. Les échanges d'informations entre les nœuds de calcul sont mis en œuvre via des communications point-à-point : bloquantes pour les envois (`MPI_Send()`) et non bloquantes pour les réceptions (`MPI_Irecv()`).

Ce nouveau schéma de dépendances de données permet un échange de données moins coûteux que celui présenté dans la section 3.3.1. En effet, les nœuds de calcul voisins n'échangent entre eux que les éléments de vecteur nécessaires pour le calcul de leurs multiplications matrice creuse-vecteur respectives. La figure 3.8 montre un exemple d'échanges de données entre un nœud 1 et ses trois voisins 0, 2 et 3. Dans cet exemple, la matrice creuse d'itération, A, est celle présentée dans la figure 3.4. Selon la sous-matrice creuse locale A_1, le nœud 1 nécessite, pour le calcul de sa multiplication matrice creuse-vecteur, les éléments de vecteur d'indices 4, 5, 6 et 7 de son propre sous-vecteur local x_1^{loc} et les éléments de vecteur correspondant aux indices 1, 8, 9, 13 et 14 des sous-vecteurs locaux x_0^{loc}, x_2^{loc} et x_3^{loc} des nœuds 0, 2 et 3, respectivement.

La figure 3.9 présente le code de la nouvelle fonction des échanges de données entre les nœuds de calcul d'une grappe GPU. A la différence de celle présentée précédemment dans la figure 3.5,

```
/* Kernel pour déterminer les éléments de vecteur à envoyer aux voisins */
__global__
void Determiner_Elements_A_Envoyer(int nb, int *Indices, double *VectLoc, double *ElemEnvoi){
1:  int id = blockIdx.x * blockDim.x + threadIdx.x; //ID du thread dans la grille
2:  if(id < nbEnvoi){
3:      int i = Indices[id];        //Indice du sous-vecteur local
4:      ElemEnvoi[id] = VectLoc[i]; //Elément du sous-vecteur local à envoyer}
}

/* Procédure d'échange de données entre voisins */
void EchangeDonnees(int nbEnvoi, int nbRecu, double *VectLoc, double *VectPart){
1:  double *TmpLoc, *TmpPart, *ElemEnvoi;
2:  MPI_Request *RecvReq;
3:  MPI_Status st;
4:  int dpls, rangV;
5:  int nbThreads = 512;                                //Nombre de threads par bloc
6:  int nbBlocs = (nbEnvoi + nbThreads - 1) / nbThreads; //Nombre de blocs de threads
7:  //Allouer les vecteurs RecvReq, TmpLoc et TmpPart dans la mémoire CPU
8:  //Allouer les vecteurs ElemEnvoi et IndicesEnvoi dans la mémoire GPU
9:  Determiner_Elements_A_Envoyer<<<nbBlocs,nbThreads>>>
                                (nbEnvoi, IndicesEnvoi, VectLoc, ElemEnvoi);
10: cublasGetVector(nbEnvoi, sizeof(double), ElemEnvoi, 1, TmpLoc, 1);
11: for(int i=0; i<nbVR; i++){       //Recevoir des données des voisins
12:     rangV = VoisinsRecu[i];
13:     dpls  = PtrsRecu[i];
14:     MPI_Irecv(&TmpPart[dpls], NbDonneesRecues[i], MPI_DOUBLE,
                rangV, 100, MPI_COMM_WORLD, &RecvReq[i]);}
15: for(int i=0; i<nbVE; i++){       //Envoyer des données aux voisins
16:     rangV = VoisinsEnvoi[i];
17:     dpls = PtrsEnvoi[i];
18:     MPI_Send(&TmpLoc[dpls], NbDonneesEnvoyees[i], MPI_DOUBLE,
                rangV, 100, MPI_COMM_WORLD);}
19: for(i=0; i<nbVR; i++)            //Attendre la terminaison des réceptions non bloquantes
20:     MPI_Wait(&RecvReq[i], &st);
21: cublasSetVector(nbRecu, sizeof(double), TmpPart, 1, VectPart, 1);
22: //Libérer les espaces mémoires CPU des vecteurs RecvReq, TmpLoc et TmpPart
23: //Libérer les espaces mémoires GPU des vecteurs ElemEnvoi et IndicesEnvoi
}
```

FIGURE 3.9 – Code de la nouvelle fonction des échanges de données entre nœuds voisins dans une grappe GPU

dans cette fonction chaque nœud doit d'abord déterminer, dans son sous-vecteur local *VectLoc*, l'ensemble des éléments de vecteur *ElemEnvoi* demandés par ses voisins. Ceci est effectué via le kernel GPU `Determiner_Elements_A_Envoyer()`, basé sur la liste des indices, *IndicesEnvoi*, des éléments de vecteur à envoyer aux voisins. En effet, ce kernel est exécuté en parallèle par *nbEnvoi* thread GPU (le nombre total des éléments à envoyer), de sorte que chaque thread soit chargé de déterminer un élément du vecteur *ElemEnvoi* correspondant à un indice de vecteur de la liste *IndicesEnvoi*. Bien évidemment, le vecteur *ElemEnvoi* pourrait contenir des données redondantes dans le cas où deux ou plusieurs nœuds voisins requièrent un élément correspondant au même indice de vecteur dans *VectLoc*. Ensuite, tous les nœuds de calcul procèdent aux échanges de données avec leurs voisins respectifs selon le schéma de dépendances de données. Ces échanges de données sont effectués par passage de messages, entre les CPUs des nœuds de calcul, via les routines de communications point-à-point de MPI : `MPI_Send()` pour les opérations d'envois bloquantes et `MPI_Irecv()` pour les opérations de réceptions non bloquantes.

Après l'opération de synchronisation, les nœuds voisins reçoivent les données échangées dans un sous-vecteur partagé sous un format de stockage compressé. Cependant, pour le calcul de la multiplication matrice creuse-vecteur, ils opèrent sur un vecteur global creux (voir figure 3.8). Donc, il est nécessaire que les éléments du sous-vecteur partagé, reçus de la part des voisins, soient copiés aux indices correspondants dans le vecteur global. Pour ne pas avoir besoin de réaliser ceci à chaque itération, nous proposons de réordonner les colonnes des sous-matrices creuses de chaque nœud de calcul, de façon à ce que les sous-vecteurs partagés soient utilisés sous leurs formats de stockage compressés. La figure 3.10 montre l'opération de réorganisation d'une sous-matrice locale (matrice du nœud 1) issue de la décomposition de la matrice creuse présentée dans la figure 3.4. Enfin, nous utilisons la mémoire texture des GPU pour mettre en cache le vecteur global. Elle permet d'améliorer les temps de lecture des éléments de ce vecteur et éviter les accès non coalescents (dus à l'aspect creux de la matrice) à la mémoire GPU globale.

Les deux solveurs parallèles CG et GMRES appliquant un format de stockage compressé sur le vecteur global creux, intervenant dans la multiplication matrice creuse-vecteur, sont mis en œuvre sur une grappe de 24 cœurs CPU et sur une grappe de 12 GPUs. Leurs performances sont reportées dans le tableau 3.9 et 3.10, respectivement. Les tests de performances sont effectués sur des systèmes linéaires creux de 25 millions de valeurs inconnues associés aux matrices bandes présentées dans le tableau 3.6. Les deuxième, troisième et quatrième colonnes de chaque tableau présentent, respectivement, le temps d'exécution sur une grappe de 24 cœurs CPU, le temps d'exécution sur une grappe de 12 GPUs et le grain relatif obtenu d'un solveur exécuté sur la grappe GPU par rapport au même solveur exécuté sur la grappe CPU. Le nombre d'itérations (# *iter*), la précision de calcul sur la grappe GPU (*prec*) et la différence (Δ) entre les deux

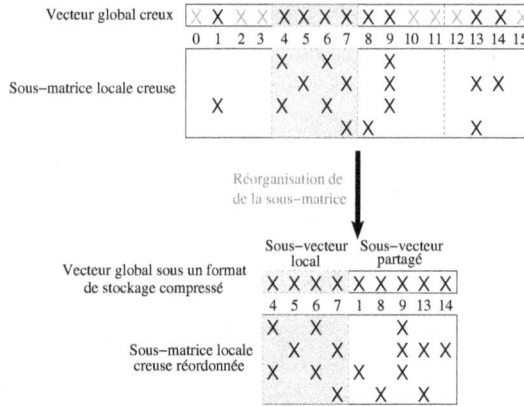

FIGURE 3.10 – Réorganisation des colonnes d'une sous-matrice creuse locale

Matrice	$Temps_{cpu}$	$Temps_{gpu}$	τ	Amélioration en %
2cubes_sphere	$1,625s$	$0,401s$	$4,05$	$29,02$
ecology2	$0,856s$	$0,103s$	$8,27$	$48,50$
finan512	$1,210s$	$0,354s$	$3,42$	$29,76$
G3_circuit	$1,346s$	$0,263s$	$5,12$	$61,44$
shallow_water2	$0,397s$	$0,055s$	$7,23$	$50,89$
thermal2	$1,411s$	$0,244s$	$5,78$	$67,68$

TABLE 3.9 – Performances du solveur parallèle CG utilisant le format de stockage compressé des vecteurs creux pour la résolution de systèmes linéaires creux à matrices bandes sur une grappe de 24 cœurs CPU vs. sur une grappe de 12 GPUs

solutions obtenus sur la grappe CPU et la grappe GPU sont équivalents à ceux présentés dans les tableaux 3.7 et 3.8. Enfin, la cinquième colonne de chaque tableau présente l'amélioration en pourcentage du temps d'exécution sur une grappe GPU des deux solveurs parallèles CG et GMRES.

Nous pouvons remarquer, dans les deux tableaux 3.9 et 3.10, que les temps de résolution de ces exemples de systèmes linéaires creux sur une grappe GPU sont, sensiblement, plus faibles que ceux présentés dans les tableaux 3.7 et 3.8. Les temps d'exécution sur une grappe de 12 GPUs des deux solveurs parallèles CG et GMRES sont améliorés, en moyenne, de 48% et 38% sur ces exemples. En effet, dans les nouvelles mises en œuvre parallèles de ces deux solveurs, les nœuds de calcul n'échangent entre eux que des éléments de vecteur utiles pour le calcul de leurs multiplications matrice creuse-vecteur respectives. Ceci a, donc, permis de minimiser les

Matrice	$Temps_{cpu}$	$Temps_{gpu}$	τ	Amélioration en %
2cubes_sphere	$3,597s$	$0,514s$	$6,99$	$40,92$
ecology2	$2,549s$	$0,288s$	$8,83$	$32,07$
finan512	$2,660s$	$0,377s$	$7,05$	$29,27$
G3_circuit	$3,139s$	$0,480s$	$6,53$	$53,12$
shallow_water2	$2,195s$	$0,253s$	$8,68$	$34,11$
thermal2	$3,206s$	$0,463s$	$6,93$	$59,03$
cage13	$5,560s$	$0,663s$	$8,39$	$37,10$
crashbasis	$25,802s$	$3,511s$	$7,35$	$23,16$
FEM_3D_thermal2	$13,281s$	$1,572s$	$8,45$	$40,77$
language	$12,553s$	$1,760s$	$7,13$	$32,85$
poli_large	$8,515s$	$1,053s$	$8,09$	$28,56$
torso3	$31,463s$	$3,681s$	$8,55$	$45,57$

TABLE 3.10 – Performances du solveur parallèle GMRES utilisant un format de stockage compressé des vecteurs creux pour la résolution de systèmes linéaires creux à matrices bandes sur une grappe de 24 cœurs CPU vs. sur une grappe de 12 GPUs

surcoûts de communications entre un GPU et son hôte CPU et entre les CPUs des nœuds de calcul voisins.

Partitionnement hypergraphe

Dans cette section, nous testons les performances des deux solveurs parallèles CG et GMRES pour la résolution de systèmes linéaires creux associés à des matrices ayant de grandes largeurs de bande. En effet, nous nous intéressons aux matrices creuses ayant des valeurs non nulles distribuées, plus ou moins, sur tout le long de leurs largeurs de bande.

Nous avons développé, en langage de programmation C, un générateur de matrices creuses de grandes dimensions et ayant cinq bandes distribuées équitablement sur leurs largeurs de bande (voir figure 3.11). Le principe de ce générateur est équivalent à celui présenté dans la section 3.3.2. Cependant, les copies effectuées de la matrice initiale, choisie dans la collection de l'université de Floride, sont placées sur la diagonale principale et sur deux hors diagonales à gauche et à droite de la diagonale principale. La figure 3.11 montre un exemple de génération de matrice creuse à cinq bandes à partir de la matrice initiale 2cubes_sphere. Le tableau 3.11 montre le nombre de valeurs non nulles (colonne 3) et la largeur de bande (colonne 4) des matrices de tests associées à des systèmes linéaires creux de 25 millions de valeurs inconnues. Ces matrices creuses sont générées à partir de celles (colonne 2) présentées dans le tableau 3.1.

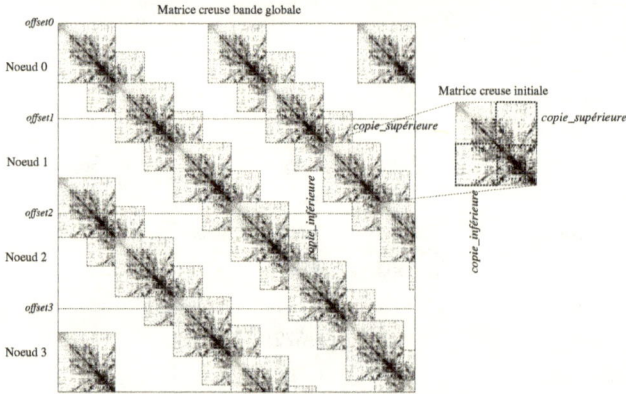

FIGURE 3.11 – Exemple de génération de matrices creuses ayant cinq bandes par quatre nœuds de calcul

Type	Nom	# Valeurs non nulles	Largeur de bande
Symétrique	2cubes_sphere	829.082.728	24.999.999
	ecology2	254.892.056	25.000.000
	finan512	556.982.339	24.999.973
	G3_circuit	257.982.646	25.000.000
	shallow_water2	200.798.268	25.000.000
	thermal2	359.340.179	24.999.998
Asymétrique	cage13	879.063.379	24.999.998
	crashbasis	820.373.286	24.999.803
	FEM_3D_thermal2	1.194.012.703	24.999.998
	language	155.261.826	24.999.492
	poli_large	106.680.819	25.000.000
	torso3	872.029.998	25.000.000

TABLE 3.11 – Principales caractéristiques des matrices creuses de tests ayant cinq bandes

Les deux tableaux 3.12 et 3.13 présentent, respectivement, les performances des solveurs parallèles CG et GMRES sur une grappe de 24 cœurs CPU et sur une grappe de 12 GPUs. Nous pouvons remarquer que l'utilisation d'une grappe de GPUs pour la résolution de ce type de systèmes linéaires creux n'est pas efficace. Les temps de résolution obtenus sur une grappe de 12 GPUs sont presque équivalents à ceux obtenus sur une grappe de 24 cœurs CPU (voir les gains relatifs, τ, dans la colonne 4 de chaque tableau). Ceci est dû au gros volume total de

Matrice	$Temps_{cpu}$	$Temps_{gpu}$	τ	# iter	prec	Δ
2cubes_sphere	$6,041s$	$3,338s$	$1,81$	30	$6,77e-11$	$3,25e-19$
ecology2	$1,404s$	$1,301s$	$1,08$	13	$5,22e-11$	$2,17e-18$
finan512	$1,822s$	$1,299s$	$1,40$	12	$3,52e-11$	$3,47e-18$
G3_circuit	$2,331s$	$2,129s$	$1,09$	15	$1,36e-11$	$5,20e-18$
shallow_water2	$0,541s$	$0,504s$	$1,07$	6	$2,12e-16$	$5,05e-28$
thermal2	$2,549s$	$1,705s$	$1,49$	14	$2,36e-10$	$5,20e-18$

TABLE 3.12 – Performances du solveur parallèle CG utilisant un format de stockage compressé des vecteurs creux pour la résolution des systèmes linéaires creux associés à des matrices à cinq bandes sur une grappe de 24 cœurs CPU vs. sur une grappe de 12 GPUs

Matrice	$Temps_{cpu}$	$Temps_{gpu}$	τ	# iter	prec	Δ
2cubes_sphere	$15,963s$	$7,250s$	$2,20$	58	$6,23e-16$	$3,25e-19$
ecology2	$3,549s$	$2,176s$	$1,63$	21	$4,78e-15$	$1,06e-15$
finan512	$3,862s$	$1,934s$	$1,99$	17	$3,21e-14$	$8,43e-17$
G3_circuit	$4,636s$	$2,811s$	$1,65$	22	$1,08e-14$	$1,77e-16$
shallow_water2	$2,738s$	$1,539s$	$1,78$	17	$5,54e-23$	$3,82e-26$
thermal2	$5,017s$	$2,587s$	$1,94$	21	$8,25e-14$	$4,34e-18$
cage13	$9,315s$	$3,227s$	$2,89$	26	$3,38e-13$	$2,08e-16$
crashbasis	$35,980s$	$14,770s$	$2,43$	127	$1,17e-12$	$1,56e-17$
FEM_3D_thermal2	$24,611s$	$7,749s$	$3,17$	64	$3,87e-11$	$2,84e-14$
language	$16,859s$	$9,697s$	$1,74$	89	$2,17e-12$	$1,70e-12$
poli_large	$10,200s$	$6,534s$	$1,56$	69	$5,14e-13$	$1,63e-13$
torso3	$49,074s$	$19,397s$	$2,53$	175	$2,69e-12$	$2,77e-16$

TABLE 3.13 – Performances du solveur parallèle GMRES utilisant un format de stockage compressé des vecteurs creux pour la résolution des systèmes linéaires creux associés à des matrices à cinq bandes sur une grappe de 24 cœurs CPU vs. sur une grappe de 12 GPUs

communications nécessaires pour la synchronisation des calculs entre les différents nœuds de la grappe. En effet, un partitionnement naïf, ligne par ligne ou colonne par colonne, des matrices creuses de grandes largeurs de bande peut lier un nœud de calcul à plusieurs nœuds voisins et générer un nombre important de dépendances de données entre les différents nœuds de la grappe.

Par conséquent, nous avons choisi d'utiliser la méthode de partitionnement hypergraphe qui est bien adaptée à de nombreux types de matrices creuses [21]. En effet, elle permet de

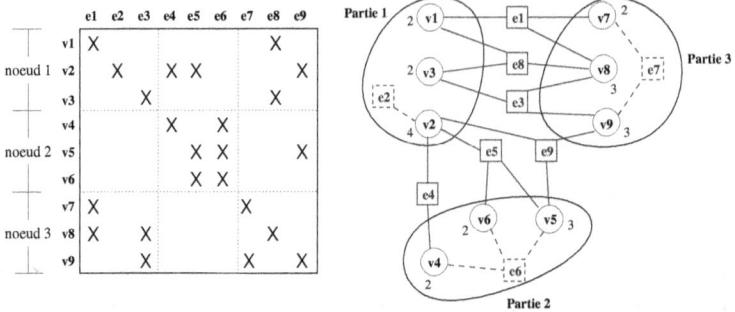

FIGURE 3.12 – Exemple de partitionnement hypergraphe d'une matrice creuse découpée entre trois nœuds de calcul

bien modéliser les communications entre les nœuds de calcul, surtout dans le cas des matrices asymétriques et rectangulaires, et elle donne de bonnes réductions du volume total des communications à effectuer entre les nœuds. Par contre, elle est plus coûteuse, en termes de temps d'exécution et de consommation espace mémoire, que les méthodes de partitionnement basées sur une modélisation par graphes.

La matrice creuse, A, du système linéaire à résoudre est modélisée sous forme d'un hypergraphe, $\mathcal{H} = (\mathcal{V}, \mathcal{E})$, comme suit :

— chaque ligne de matrice i ($0 \leq i < n$) correspond à un sommet $v_i \in \mathcal{V}$,
— chaque colonne de matrice j ($0 \leq j < n$) correspond à une arête $e_j \in \mathcal{E}$, telle que :

$$\forall a_{ij} \in A \text{ une valeur non nulle} : v_i \in sommets[e_j],$$

— w_i est le poids du sommet v_i et,
— c_j est le coût de l'arête e_j.

Un partitionnement hypergraphe $\mathcal{P} = \{\mathcal{V}_1, \mathcal{V}_2, ..., \mathcal{V}_K\}$ consiste à découper l'ensemble des sommets $\mathcal{V}$ de l'hypergraphe $\mathcal{H}$ en K sous-ensembles (ou parties) non vides disjoints deux à deux, de sorte que chaque sous-ensemble soit attribué à un nœud de calcul. La figure 3.12 montre un exemple de partitionnement hypergraphe d'une matrice creuse carrée de taille (9×9) en trois parties. Les cercles et les carrés correspondent, respectivement, aux sommets et arêtes de l'hypergraphe de la matrice. Les arêtes présentées avec des carrés en lignes continues définissent des *isthmes* (cut edges en anglais) reliant au moins deux parties de l'hypergraphe. La connectivité λ_j d'un isthme e_j désigne le nombre des différentes parties de l'hypergraphe reliées par cette arête e_j.

Les isthmes, issus d'un partitionnement hypergraphe d'une matrice creuse, permettent de modéliser les communications entre les nœuds de calcul voisins, nécessaires pour effectuer une multiplication parallèle matrice creuse-vecteur. En effet, chaque arête e_j définit l'ensemble des opérations atomiques, $b_i \leftarrow b_i + a_{ij}x_j$, de la multiplication matrice creuse-vecteur, $b = Ax$, qui ont besoin du j^{eme} élément du vecteur x. Donc, les sommets de l'arête e_j ($sommets[e_j]$) désignent l'ensemble des lignes de matrice nécessitant le même élément de vecteur x_j. Par exemple, dans la figure 3.12, les $sommets[e_9] = \{v_2, v_5, v_9\}$ représentent, respectivement, les lignes de matrice 2, 5 et 9 qui ont besoin de l'élément de vecteur x_9 pour calculer, en parallèle, les opérations atomiques : $b_2 \leftarrow b_2 + a_{29}x_9$, $b_5 \leftarrow b_5 + a_{59}x_9$ et $b_9 \leftarrow b_9 + a_{99}x_9$. Cependant, x_9 est un élément appartenant au sous-vecteur local du nœud de calcul 3. Par conséquent, le nœud 3 doit établir des communications avec ses voisins 1 et 2 pour leur transmettre l'élément de vecteur x_9.

Le partitionnement hypergraphe permet de réduire le volume total des communications, né-cessaires pour le calcul parallèle de la multiplication matrice creuse-vecteur, tout en maintenant l'équilibrage de charge entre les nœuds de calcul. En effet, il cherche à minimiser, au mieux, la somme suivante :

$$\mathcal{X}(\mathcal{P}) = \sum_{e_j \in \mathcal{E}_C} c_j(\lambda_j - 1), \tag{3.26}$$

où $\mathcal{E}_C$ représente l'ensemble des isthmes issus du partitionnement $\mathcal{P}$ et c_j et λ_j sont, respecti-vement, le coût et la connectivité de chaque isthme e_j. De plus, il permet aussi d'assurer un équilibrage de charge entre les K parties comme suit :

$$W_k \leq (1 + \epsilon)W_{moy}, \ (1 \leq k \leq K) \text{ et } (0 < \epsilon < 1), \tag{3.27}$$

où W_k, W_{moy} et ϵ sont, respectivement, la somme des poids (w_i) des sommets de la partie $\mathcal{V}_k$, la moyenne des poids des K parties et le ratio de déséquilibre de charge maximal autorisé.

Le partitionnement hypergraphe est un problème NP-complet mais il existe plusieurs outils logiciels utilisant des heuristiques, par exemple : hMETIS [51], PaToH [22] et Zoltan [34]. Vu la grande dimension des matrices creuses des systèmes linéaires à résoudre, nous utilisons un partitionnement hypergraphe parallèle qui doit être effectué par, au moins, deux processus MPI. Pour cela, le modèle hypergraphe $\mathcal{H}$ de la matrice creuse doit être découpé en p (nombre de processus MPI) sous-hypergraphes $\mathcal{H}_k = (\mathcal{V}_k, \mathcal{E}_k)$, $0 \leq k < p$, puis appliquer le partitionnement parallèle utilisant les fonctions de communications de la bibliothèque MPI entre les p processus.

Les deux tableaux 3.14 et 3.15 montrent, respectivement, les performances des solveurs pa-rallèles CG et GMRES sur une grappe de 24 cœurs CPU et sur une grappe de 12 GPUs. Les matrices creuses de tests utilisées sont celles présentées dans le tableau 3.11. Pour ces tests de performances, nous avons appliqué le partitionnement hypergraphe et le format de stockage compressé (présenté précédemment) sur les vecteurs creux des multiplications matrice creuse-vecteur. Nous avons utilisé le partitionnement hypergraphe parallèle [2] développée dans l'outil Zoltan [4]. Nous avons initialisé les paramètres de partitionnement comme suit :

— le poids w_i de chaque sommet $v_j \in \mathcal{V}$ est initialisé au nombre de valeurs non nulles sur la ligne de matrice i,

Matrice	$Temps_{cpu}$	$Temps_{gpu}$	τ	Amélioration en %
2cubes_sphere	$5,935s$	$1,213s$	$4,89$	$63,66$
ecology2	$1,093s$	$0,136s$	$8,00$	$89,55$
finan512	$1,762s$	$0,475s$	$3,71$	$63,43$
G3_circuit	$2,095s$	$0,558s$	$3,76$	$73,79$
shallow_water2	$0,498s$	$0,068s$	$7,31$	$86,51$
thermal2	$1,889s$	$0,348s$	$5,43$	$79,59$

TABLE 3.14 – Performances du solveur parallèle CG utilisant un partitionnement hypergraphe et un format de stockage compressé des vecteurs creux pour la résolution des systèmes linéaires creux associés à des matrices à cinq bandes sur une grappe de 24 cœurs CPU vs. sur une grappe de 12 GPUs

Matrice	$Temps_{cpu}$	$Temps_{gpu}$	τ	Amélioration en %
2cubes_sphere	$16,430s$	$2,840s$	$5,78$	$60,83$
ecology2	$3,152s$	$0,367s$	$8,59$	$83,13$
finan512	$3,672s$	$0,723s$	$5,08$	$62,62$
G3_circuit	$4,468s$	$0,971s$	$4,60$	$65,46$
shallow_water2	$2,647s$	$0,312s$	$8,48$	$79,73$
thermal2	$4,190s$	$0,666s$	$6,29$	$74,25$
cage13	$8,077s$	$1,584s$	$5,10$	$50,91$
crashbasis	$35,173s$	$5,546s$	$6,34$	$62,43$
FEM_3D_thermal2	$24,825s$	$3,113s$	$7,97$	$59,83$
language	$16,706s$	$2,522s$	$6,62$	$73,99$
poli_large	$12,715s$	$3,989s$	$3,19$	$38,95$
torso3	$48,459s$	$6,234s$	$7,77$	$67,86$

TABLE 3.15 – Performances du solveur parallèle GMRES utilisant un partitionnement hypergraphe et un format de stockage compressé des vecteurs creux pour la résolution des systèmes linéaires creux associés à des matrices à cinq bandes sur une grappe de 24 cœurs CPU vs. sur une grappe de 12 GPUs

— pour des raisons de simplicité, le coût c_j de chaque arête $e_j \in \mathcal{E}$ est fixé à 1,
— le ratio de déséquilibre de charge maximal ϵ est limité à 10%.

Nous pouvons remarquer dans les deux tableaux 3.14 et 3.15 que le partitionnement hypergraphe a permis d'améliorer les performances de résolution des deux solveurs parallèles CG et

Matrice	Vol. de comms. sans parti. hyper.	Vol. de comms. avec parti. hyper.	Temps de parti. hyper. en minutes
2cubes_sphere	$25,360,543$	$240,679$	$68,98$
ecology2	$26,044,002$	$73,021$	$4,92$
finan512	$26,087,431$	$900,729$	$33,72$
G3_circuit	$31,912,003$	$5,366,774$	$11,63$
shallow_water2	$25,105,108$	$60,899$	$5,06$
thermal2	$30,012,846$	$1,077,921$	$17,88$
cage13	$28,254,282$	$3,845,440$	$196,45$
crashbasis	$29,020,060$	$2,401,876$	$33,39$
FEM_3D_thermal2	$25,263,767$	$250,105$	$49,89$
language	$27,291,486$	$1,537,835$	$9,07$
poli_large	$25,053,554$	$7,388,883$	$5,92$
torso3	$25,682,514$	$613,250$	$61,51$

TABLE 3.16 – Volume total de communications entre 12 nœuds de calcul sans et avec utilisation de la méthode de partitionnement hypergraphe

GMRES. Les temps de résolution sur une grappe de 12 GPUs sont améliorés d'une façon considérable par rapport à ceux obtenus avec un partitionnement naïf ligne par ligne des matrices creuses. Pour ces exemples de tests de performance, les temps d'exécution de CG et de GMRES sur une grappe de 12 GPUs sont diminués en moyenne de 76% et 65% (voir colonne 5 de chaque tableau), respectivement, par rapport à ceux présentés dans les deux tableaux 3.12 et 3.13.

En effet, le partitionnement hypergraphe des matrices creuses à grandes largeurs de bandes a permis de réduire le volume total des communications entre les nœuds de la grappe de calcul. Le tableau 3.16 présente, pour chaque matrice de test (colonne 1), le volume total de communications entre 12 nœuds de calcul obtenu avec un partitionnement ligne par ligne (colonne 2), celui obtenu avec un partitionnement hypergraphe (colonne 3) et le temps d'exécution en minutes du partitionnement hypergraphe (colonne 4) effectuée par 12 processus MPI. Le volume total de communications définit le nombre total d'éléments de vecteur échangés entre tous les nœuds de calcul. Ce tableau 3.16 montre que la méthode de partitionnement hypergraphe permet de découper la matrice creuse de façon à minimiser au mieux les dépendances de données entre les nœuds de calcul et, ainsi, réduire le volume total de communications.

Cependant, nous pouvons remarquer, dans la colonne 4 du tableau 3.16, que l'opération de partitionnement hypergraphe prend beaucoup plus de temps que la résolution des systèmes linéaires creux. Comme nous l'avons déjà mentionné, la méthode de partitionnement hypergraphe est très coûteuse en termes de temps de traitement et de consommation espace mémoire. A cet effet, pour les applications utilisant souvent les mêmes matrices creuses, nous pourrions effectuer ce type de partitionnement une seule fois puis, sauvegarder les traces dans des fichiers pour pouvoir les réutiliser sans avoir recours au partitionnement. En outre, dans le cas où nous avions assez de temps, nous pourrions effectuer une factorisation pour la matrice creuse au lieu du partitionnement hypergraphe pour réduire le volume de communications. Toutefois, pour les systèmes linéaires utilisant la même structure de matrice creuse, il serait préférable d'appliquer le partitionnement hypergraphe une seule fois sur cette structure puis, utiliser la même décomposition de matrice pour différentes valeurs non nulles selon le système linéaire creux à résoudre.

3.3.4   Expérimentations sur une grappe GPU hétérogène

Dans nos dernières expérimentations, nous testons les performances de nos solveurs parallèles sur une grappe GPU hétérogène. Nous avons ajouté à notre grappe de GPUs (voir section 3.3.2) deux nœuds de calcul composés, chacun, d'un CPU Quad-Core Xeon E5620 et d'un GPU Fermi C2070. Donc, les tests de performance des solveurs parallèles CG et GMRES sont effectués sur une grappe de 32 CPUs et sur une grappe de 14 GPUs (12 GPUs Tesla C1060 et 2 GPUs Fermi C2070).

Les performances des deux solveurs parallèles CG et GMRES sont reportées dans les quatre tableaux 3.17, 3.18, 3.19 et 3.20. Ce sont les performances obtenues pour la résolution des systèmes linéaires creux de 25 millions de valeurs inconnues. Cependant, les deux premiers tableaux 3.17 et 3.18 présentent les performances de résolution de systèmes linéaires associés aux matrices creuses à structure bande présentées dans le tableau 3.6. Par contre, les tableaux 3.19 et 3.20 présentent celles obtenues pour la résolution de systèmes linéaires associés aux matrices creuses à grandes largeurs de bande présentées dans le tableau 3.11. Pour ce dernier type de systèmes linéaires, nous avons utilisé un partitionnement hypergraphe. Bien évidemment, nous pouvons remarquer que les temps de résolution sur une grappe de calcul constituée de 8 CPUs Quad-Core et 14 GPUs sont sensiblement meilleurs que ceux effectués sur une grappe constituée de 6 CPUs Quad-Core et 12 GPUs. Cependant, dans les grappes GPU hétérogènes, nous devrions aussi étudier, plus en profondeur, le partitionnement de données et l'équilibrage de charge selon la structure de la matrice creuse et les différents types des architectures GPU. Par exemple, dans notre grappe hétérogène, nous devrions prendre compte le fait que le GPU Fermi C2070 a une capacité de traitement plus efficace que celle du GPU Tesla C1060.

Toutefois, le paramètre de performance plus important est le passage à l'échelle (scalability en anglais) des deux algorithmes parallèles de CG et de GMRES sur une grappe de GPUs. Nous avons effectué un ensemble de tests de performance sur les deux structures de matrices (une bande et cinq bandes) sur une grappe de calcul composée d'un nœud à 14 nœuds. Les matrices creuses de tests sont générées à partir de la matrice symétrique thermal2 prise dans la collection

Matrice	$Temps_{cpu}$	$Temps_{gpu}$	τ	# iter	prec	Δ
2cubes_sphere	$1,122s$	$0,220s$	$5,10$	14	$5,73e-11$	$6,07e-18$
ecology2	$0,638s$	$0,089s$	$7,14$	15	$3,75e-10$	$1,39e-16$
finan512	$0,896s$	$0,188s$	$4,77$	14	$1,04e-10$	$2,77e-16$
G3_circuit	$1,083s$	$0,233s$	$4,65$	17	$1,10e-10$	$6,66e-16$
shallow_water2	$0,298s$	$0,048s$	$6,16$	7	$3,43e-15$	$5,17e-26$
thermal2	$1,076s$	$0,243s$	$4,42$	16	$1,67e-09$	$4,44e-16$

TABLE 3.17 – Performances du solveur parallèle CG utilisant un format de stockage compressé des vecteurs creux pour la résolution des systèmes linéaires creux associés à des matrices à structure bande sur une grappe de 32 cœurs CPU vs. sur une grappe de 14 GPUs

Matrice	$Temps_{cpu}$	$Temps_{gpu}$	τ	# iter	prec	Δ
2cubes_sphere	$2,694s$	$0,4408s$	$6,11$	21	$2,11e-14$	$9,54e-18$
ecology2	$1,909s$	$0,249s$	$7,68$	21	$4,88e-13$	$1,02e-14$
finan512	$2,008s$	$0,328s$	$6,12$	17	$3,22e-12$	$7,36e-14$
G3_circuit	$2,440s$	$0,423s$	$5,76$	22	$1,04e-12$	$1,06e-14$
shallow_water2	$1,641s$	$0,218s$	$7,52$	17	$5,54e-21$	$6,23e-24$
thermal2	$2,429s$	$0,437s$	$5,55$	21	$8,89e-12$	$6,66e-16$
cage13	$3,544s$	$0,552s$	$6,42$	26	$3,29e-11$	$6,94e-15$
crashbasis	$19,831s$	$2,972s$	$6,67$	135	$6,81e-11$	$5,44e-15$
FEM_3D_thermal2	$9,393s$	$1,330s$	$7,06$	64	$3,88e-09$	$2,73e-12$
language	$9,431s$	$1,497s$	$6,30$	89	$2,09e-10$	$1,45e-10$
poli_large	$6,371s$	$0,912s$	$6,99$	69	$5,09e-11$	$6,82e-12$
torso3	$23,631s$	$3,184s$	$7,42$	175	$2,69e-10$	$2,66e-14$

TABLE 3.18 – Performances du solveur parallèle GMRES utilisant un format de stockage compressé des vecteurs creux pour la résolution des systèmes linéaires creux associés à des matrices à structure bande sur une grappe de 32 cœurs CPU vs. sur une grappe de 14 GPUs

de l'université de Floride. Le tableau 3.21 montre les principales caractéristiques (nombre de lignes de matrice et nombre de valeurs non nulles) des matrices de tests générées à base de thermal2. Nous avons étudié le passage à l'échelle faible (weak scalability) qui peut être défini comme la façon dont le temps d'exécution d'un solveur parallèle varie en fonction du nombre de nœuds de calcul pour une taille de problème fixe par nœud. Dans ce cas, chaque nœud i de la grappe se voit attribuer un sous-système linéaire creux de taille n_i (après l'opération de partitionnement), telle que $n = g \times n_i$ soit la taille totale du système linéaire creux global à

Matrice	$Temps_{cpu}$	$Temps_{gpu}$	τ	# iter	$prec$	Δ
2cubes_sphere	$4,392s$	$1,124s$	$3,91$	30	$6,77e-11$	$4,88e-19$
ecology2	$0,795s$	$0,129s$	$6,15$	13	$5,22e-11$	$3,03e-18$
finan512	$1,380s$	$0,376s$	$3,66$	12	$3,52e-11$	$3,47e-18$
G3_circuit	$1,620s$	$0,533s$	$3,04$	15	$1,36e-11$	$6,94e-18$
shallow_water2	$0,363s$	$0,058s$	$6,29$	6	$2,12e-16$	$5,05e-28$
thermal2	$1,492s$	$0,326s$	$4,57$	14	$2,36e-10$	$5,20e-18$

TABLE 3.19 – Performances du solveur parallèle CG utilisant un partitionnement hypergraphe et un format de stockage compressé des vecteurs creux pour la résolution des systèmes linéaires creux associés à des matrices à cinq bandes sur une grappe de 32 cœurs CPU vs. sur une grappe de 14 GPUs

Matrice	$Temps_{cpu}$	$Temps_{gpu}$	τ	# iter	$prec$	Δ
2cubes_sphere	$12,024s$	$2,445s$	$4,92$	58	$6,23e-16$	$4,34e-19$
ecology2	$2,328s$	$0,320s$	$7,27$	21	$4,78e-15$	$1,84e-16$
finan512	$2,807s$	$0,610s$	$4,60$	17	$3,21e-14$	$6,76e-16$
G3_circuit	$3,286s$	$0,891s$	$3,69$	22	$1,08e-14$	$4,08e-17$
shallow_water2	$1,949s$	$0,270s$	$7,22$	17	$5,54e-23$	$1,05e-25$
thermal2	$3,220s$	$0,599s$	$5,37$	21	$8,25e-14$	$6,07e-18$
cage13	$8,859s$	$1,381s$	$6,41$	26	$3,38e-13$	$1,94e-16$
crashbasis	$26,479s$	$4,776s$	$5,54$	127	$1,17e-12$	$1,56e-17$
FEM_3D_thermal2	$16,988s$	$2,705s$	$6,28$	64	$3,87e-11$	$2,84e-14$
language	$11,788s$	$2,263s$	$5,21$	89	$2,23e-12$	$2,16e-12$
poli_large	$9,055s$	$3,284s$	$2,76$	69	$5,14e-13$	$2,77e-13$
torso3	$37,130s$	$5,338s$	$6,95$	175	$2,69e-12$	$3,33e-16$

TABLE 3.20 – Performances du solveur parallèle GMRES utilisant un partitionnement hypergraphe et un format de stockage compressé des vecteurs creux pour la résolution des systèmes linéaires creux associés à des matrices à cinq bandes sur une grappe de 32 cœurs CPU vs. sur une grappe de 14 GPUs

résoudre (g est le nombre de nœuds dans la grappe).

La figure 3.13 présente le passage à l'échelle des deux solveurs parallèles CG (courbes en lignes continues) et GMRES (courbes en lignes discontinues), pour la résolution de systèmes linéaires creux associés à des matrices composées d'une seule bande principale (figure 3.13-(a)) ou de cinq bandes (figure 3.13-(b)). Nous avons fixé la taille des sous-systèmes linéaires creux

Structure de la matrice	# Lignes de matrice par nœud	# Valeurs de nulles par nœud
Bande	15 million	105.166.557
Cinq bandes	5 million	78.714.492

TABLE 3.21 – Caractéristiques principales de la matrice de tests utilisée pour étudier le passage à l'échelle des algorithmes parallèles CG et GMRES

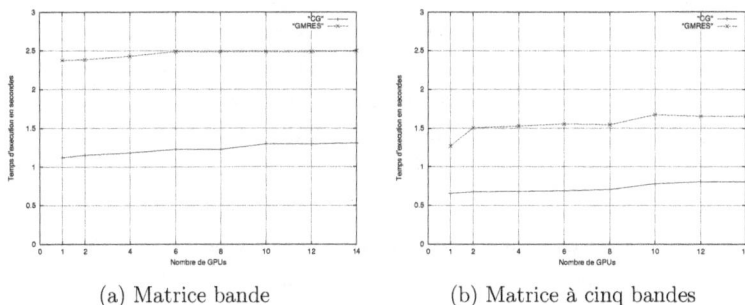

(a) Matrice bande   (b) Matrice à cinq bandes

FIGURE 3.13 – Passage à l'échelle des algorithmes parallèles CG et GMRES sur une grappe GPU pour la résolution des systèmes linéaires creux

associés à des matrices bandes à 15 millions de valeurs inconnues par nœud et ceux associés à des matrices à cinq bandes à 5 millions de valeurs inconnues par nœuds. Nous pouvons constater que les deux solveurs parallèles supportent bien le passage à l'échelle faible sur une grappe GPU. En effet, les temps de résolution restent, plus ou moins, constants tandis que la taille des systèmes linéaires à résoudre augmente proportionnellement avec le nombre de nœuds de calcul. Ceci signifie que le coût des communications est relativement constant indépendamment du nombre de nœuds de calcul sur la grappe. Toutefois, nos expérimentations sont effectuées sur une grappe avec peu de GPUs. Prochainement, nous effectuerons d'autres expérimentations sur des grappes à grande échelle.

3.4 Conclusion

Dans ce chapitre, nous nous sommes intéressés à l'exploitation de la puissance de calcul d'une plateforme de calcul parallèle multi-GPUs pour la résolution de systèmes linéaires creux de grandes dimensions. Pour cela, nous avons étudié comment adapter les algorithmes de deux méthodes itératives de Krylov aux architectures GPU. La première méthode itérative est celle du gradient conjugué (CG), bien connue pour son efficacité à résoudre des systèmes linéaires symétriques, et la seconde est celle de la généralisation de la méthode de minimisation du résidu (GMRES) destinée, plus précisément, à la résolution de systèmes asymétriques.

Tout d'abord, nous avons présenté les principaux points clés des mises en œuvre des deux méthodes sur un processeur graphique GPU. Puis, nous avons comparé les performances de résolution de ces deux méthodes obtenues sur un GPU avec celles obtenues sur un processeur traditionnel CPU. Cela nous a permis de montrer l'efficacité des GPUs, par rapport aux CPUs, à résoudre des systèmes linéaires creux de grandes tailles. En effet, une grande taille du système linéaire permet de maximiser l'utilisation des cœurs et d'exploiter au mieux les ressources GPU. Nous avons aussi remarqué que la méthode CG est plus performante que la méthode GMRES pour la résolution de systèmes linéaires symétriques, que ce soit sur un GPU ou sur un CPU. Ceci, est dû au fait que CG est caractérisée par un taux de convergence plus faible et des temps d'exécution des itérations plus rapides que ceux de GMRES.

Ensuite, nous avons décrit les différentes étapes pour la mise en œuvre parallèle des deux algorithmes CG et GMRES sur une grappe de GPUs. Puis, nous avons comparé leurs performances obtenues sur une grappe GPU avec ceux obtenues sur une grappe CPU. Bien évidemment, la grappe GPU est plus performante qu'une grappe traditionnelle CPU. En effet, elle permet d'agréger la puissance de calcul et les ressources de plusieurs GPUs distants, pour une résolution plus efficace de systèmes linéaires creux dépassant les dix millions de valeurs inconnues. Toutefois, nous avons constaté qu'elle est moins performante, voire inefficace, dans le cas où la résolution parallèle de ces systèmes nécessite un nombre important de communications entre les différents nœuds pour la synchronisation de leurs calculs. En fait, contrairement à une grappe de CPUs, elle nécessite non seulement des communications entre CPUs mais aussi des communications entre un GPU et son hôte CPU dans un même nœud, alors que ces dernières sont connues pour être lentes.

Par conséquent, nous avons utilisé un format de stockage compressé pour les vecteurs creux nécessaires pour le calcul de la multiplication matrice creuse-vecteur des deux méthodes itératives. Ceci nous permet de réduire la taille des sous-vecteurs partagés à échanger entre les nœuds voisins. De plus, nous avons proposé d'appliquer un partitionnement hypergraphe pour les systèmes linéaires associés à des matrices creuses ayant une grande largeur de bande. En effet, ce type de matrices peut engendrer, après leurs partitionnements, un nombre important de dépendances de données entre les nœuds de calcul, ce qui se traduit par l'augmentation des coûts de communications nécessaires pour la synchronisation. Donc, le partitionnement hypergraphe est l'une des méthodes permettant de découper ces matrices de façon à réduire au mieux les dépendances de données tout en maintenant l'équilibrage de charge entre les nœuds de la grappe. Dans les nouvelles architectures matérielles et logicielles GPU, un système de GPU-Direct est mis en œuvre de façon à ce que deux GPUs placés dans un même nœud ou dans deux nœuds distants (CUDA 5.0) peuvent communiquer entre eux directement sans l'intervention

CPU. Ceci permet d'améliorer les débits de transferts de données ente différents GPUs.

Dans le suivant chapitre, nous nous intéresserons à la mise en œuvre parallèle de méthodes itératives sur une grappes GPU, pour la résolution de systèmes non linéaires creux issus de la discrétisation des problèmes obstacles en trois dimensions.

Chapitre 4

Solveurs non linéaires creux des problèmes de l'obstacle sur grappes GPU

L E problème de l'obstacle appartient à la famille des problèmes aux frontières libres. Il permet de modéliser, par exemple, une membrane élastique recouvrant un obstacle solide. Le problème consiste à trouver une position d'équilibre de cette membrane contrainte à se situer au-dessus de l'obstacle et qui tend à minimiser sa surface et/ou son énergie. L'étude de problèmes de ce type intervient dans de nombreuses applications comme, par exemple, la mécanique des fluides dans les milieux poreux, la torsion d'un cylindre élasto-plastique, la biomathématique (cicatrisation des plaies ou croissance tumorale) ou les mathématiques des finances (prix des options Américaines ou Européennes).

Dans ce chapitre, nous nous intéressons aux méthodes de résolution des problèmes de l'obstacle de grandes tailles définis dans un domaine tridimensionnel. Plus précisément, ces méthodes permettent de résoudre les systèmes algébriques non linéaires issus du processus de discrétisation spatiale de ces problèmes. Pour cela, nous utilisons deux méthodes de résolution itératives impliquant une projection sur un ensemble convexe, à savoir : la méthode Richardson projetée et la méthode de relaxation par blocs projetée. En fait, la première méthode est basée sur des itérations par points, tandis que la seconde est basée sur des itérations par blocs. En revanche, compte tenu de la grande taille des systèmes à résoudre, nous nous focalisons sur leurs algorithmes itératifs parallèles synchrones et asynchrones.

Les mises en œuvre parallèles synchrone et asynchrone de ces deux méthodes nous permettent de réduire le temps de calcul nécessaire à la résolution d'un problème de l'obstacle de grande taille. Plus particulièrement, la mise en œuvre asynchrone est un moyen intéressant pour la réduction des temps d'inactivité des processus, dus aux passages de messages bloquants et aux barrières de synchronisation nécessaires pour la parallélisation d'un algorithme. Les méthodes itératives parallèles ont été étudiées par de nombreux auteurs et mises en œuvre sur différentes plateformes de calcul parallèle CPU. Dans le présent chapitre, nous proposons des mises en œuvre parallèles synchrone et asynchrone sur une grappe de GPUs, pour les deux méthodes itératives : Richardson projetée et de relaxation par blocs projetée. Donc, dans ce cas, il existe deux niveaux de parallélisation : une parallélisation GPU à l'intérieur d'un nœud de calcul et une parallélisation entre les différents nœuds de la grappe qui communiquent entre eux par passage de messages synchrone ou asynchrone.

Nous présentons, dans la section 4.1, le modèle mathématique des problèmes de l'obstacle puis, dans la section 4.2, le principe général de la parallélisation de la méthode Richardson projetée et celle de la méthode de relaxation par blocs projetée. Dans la section 4.3, nous décrivons les principaux points clés des algorithmes parallèles synchrones et asynchrones de ces deux méthodes itératives sur une grappe GPU. Ensuite, dans la section 4.4, nous effectuons une comparaison entre les performances des deux méthodes pour la résolution de systèmes non linéaires issus de la discrétisation d'un problème de l'obstacle et ce, sur une grappe CPU puis sur une grappe GPU. Enfin, dans la section 4.5, nous utilisons la méthode de numérotation rouge-noir pour améliorer la mise en œuvre de la méthode Richardson projetée sur une grappe GPU.

4.1 Problème de l'obstacle

Dans cette section, nous présentons le modèle mathématique des problèmes de l'obstacle définis dans un domaine tridimensionnel. Nous nous basons sur les travaux présentés dans le papier [23].

4.1.1 Modélisation

Un problème de l'obstacle, intervenant dans le domaine de la mécanique par exemple, peut être modélisé par l'équation non linéaire dépendant du temps suivante :

$$\begin{cases} \frac{\partial u}{\partial t} + b^t \nabla u - \eta \Delta u + cu - f \geq 0, \ u \geq \phi, \ sur \ tout \ [0,T] \times \Omega, \ \eta > 0, \\ (\frac{\partial u}{\partial t} + b^t \nabla u - \eta \Delta u + cu - f)(u - \phi) = 0, \ sur \ tout \ [0,T] \times \Omega, \\ u(0,x,y,z) = u_0(x,y,z), \\ C.L. \ sur \ u(t,x,y,z) \ défini \ sur \ \partial\Omega, \end{cases} \quad (4.1)$$

où u_0 est la condition initiale, $c \geq 0$, b et η sont des paramètres physiques, T est le temps final, $u(t,x,y,z)$ est un élément du vecteur solution u à calculer, f est le vecteur second membre qui peut représenter, par exemple, les forces externes, $C.L.$ définit les conditions aux limites sur la frontière $\partial\Omega$ du domaine Ω, ϕ modélise une contrainte imposée à u, Δ est l'opérateur Laplacien et ∇ est l'opérateur gradient. En pratique, la condition aux limites, généralement considérée, est celle de Dirichlet (où u est fixe sur $\partial\Omega$) ou celle de Neumann (où la dérivée normale de u est fixe sur $\partial\Omega$).

Nous pouvons résoudre numériquement l'équation dépendant du temps (4.1) en considérant un schéma à pas de temps implicite ou semi-implicite, de façon à ce qu'à chaque pas de temps k un problème non linéaire stationnaire soit résolu :

$$\begin{cases} b^t \nabla u - \eta \Delta u + (c + \delta)u - g \geq 0, \ u \geq \phi, \ \text{sur tout } [0, T] \times \Omega, \ \eta > 0, \\ (b^t \nabla u - \eta \Delta u + (c + \delta)u - g)(u - \phi) = 0, \ \text{sur tout } [0, T] \times \Omega, \\ C.L. \ \text{sur } u(t, x, y, z) \ \text{défini sur } \partial\Omega, \end{cases} \tag{4.2}$$

où $\delta = \frac{1}{k}$ est l'inverse du pas de temps, $g = f + \delta u^{prec}$ et u^{prec} est la solution obtenue au pas de temps précédent.

4.1.2   Discrétisation

Tout d'abord, nous pouvons préciser que la discrétisation spatiale du problème stationnaire (4.2) ne permet pas d'avoir une matrice symétrique, car l'opérateur de convection-diffusion est non autoadjoint. De plus, le fait que cet opérateur soit autoadjoint ou non joue un rôle important dans le choix de l'algorithme adéquat pour la résolution numérique des systèmes algébriques issus de la discrétisation des problèmes de l'obstacle. Cependant, étant donné que les coefficients de convection dans (4.2) sont constants, nous pouvons reformuler le même problème par le moyen d'un opérateur autoadjoint en effectuant un changement de variables classique. Donc, nous pouvons remplacer l'opérateur de convection-diffusion stationnaire :

$$b^t \nabla v - \eta \Delta v + (c + \delta)v = g, \ \text{sur tout } [0, T] \times \Omega, \ c \geq 0, \ \eta > 0, \ \delta = \frac{1}{k} \geq 0, \tag{4.3}$$

par un opérateur de diffusion stationnaire suivant :

$$-\eta \Delta u + (\frac{\|b\|_2^2}{4\eta} + c + \delta)u = e^{-a}g = f, \tag{4.4}$$

où $b = \{b_1, b_2, b_3\}$, $\|b\|_2$ est la norme euclidienne de b et $v = e^{-a}u$ représente le changement de variables général tel que $a = \frac{b^t(x,y,z)}{2\eta}$. Par conséquent, la résolution numérique du problème de diffusion (opérateur autoadjoint (4.4)) est faite par des algorithmes d'optimisation, par contre, celle du problème de convection-diffusion (opérateur non autoadjoint (4.2)) est faite par des algorithmes de relaxation.

Ensuite, le domaine tridimensionnel $\Omega \subset \mathbb{R}^3$ est défini dans $\Omega = [0, 1]^3$ et discrétisé avec un maillage cartésien uniforme constitué de $M = m^3$ points, où m est lié au pas de discrétisation spatiale $h = \frac{1}{m+1}$. Ceci est effectué en utilisant un schéma d'approximation d'ordre deux du Laplacien par des différences finies. Ainsi, la discrétisation complète des deux problèmes aux limites stationnaires (4.2) et (4.4) se traduit par la résolution d'un grand problème complémentaire discret de la forme suivante, lorsque les deux conditions aux limites de Dirichlet ou de

Neumann sont utilisées :

$$\begin{cases} \text{Trouver } U^* \in \mathbb{R}^M \text{ tels que} \\ (A + \delta I)U^* - G \geq 0, U^* \geq \bar{\Phi}, \\ ((A + \delta I)U^* - G)^T(U^* - \bar{\Phi}) = 0, \end{cases} \qquad (4.5)$$

où A est une matrice obtenue après la discrétisation spatiale par la méthode des différences finies, G est issu de la dérivée partielle de premier ordre du schéma à pas de temps implicite par la méthode d'Euler et de la discrétisation du vecteur second membre du problème de l'obstacle, δ est l'inverse du pas de temps k et I est la matrice identité. La matrice A est symétrique dans le cas d'un opérateur autoadjoint et asymétrique dans le cas contraire.

En fonction du schéma de discrétisation du Laplacien choisi, A est une M-matrice (irréductiblement diagonale dominante, voir [76]) et, par conséquent, la matrice $(A + \delta I)$ est aussi une M-matrice. Cette propriété est importante pour la convergence des méthodes itératives de résolution.

4.2 Méthodes itératives parallèles

De nombreux auteurs [44, 52, 8, 72, 74, 73, 7, 54, 24] ont déjà étudié l'analyse numérique et la résolution des équations non linéaires issues des problèmes de l'obstacle, par des méthodes de résolution séquentielles ou parallèles synchrones/asynchrones sur des calculateurs CPU. Cependant, dans ce document, nous nous intéressons à la résolution de problèmes complémentaires (4.5) issus de la discrétisation de problèmes de l'obstacle de grandes dimensions. Pour cela, nous nous intéressons à deux méthodes itératives parallèles synchrones ou asynchrones (voir [25, 57, 12, 15, 9]), à savoir :

— la méthode Richardson projetée pour la résolution du problème de diffusion et,
— la méthode de relaxation par blocs projetée pour la résolution du problème de convection-diffusion.

Dans cette section, nous présentons le principe général de la parallélisation de ces deux méthodes de résolution.

4.2.1 Préliminaires

Soient $E = \mathbb{R}^M$ un espace de Hilbert et $\alpha \in \mathbb{N}$ un entier naturel. De plus, $E = \prod_{i=1}^{\alpha} E_i$ est un produit de α sous-espaces de Hilbert $E_i = \mathbb{R}^{m_i}$, tel que $M = \sum_{i=1}^{\alpha} m_i$. Chaque sous-espace E_i est muni d'un produit scalaire $\langle\,.\,,\,.\,\rangle_i$ et d'une norme $|\,.\,|_i$ pour tout $i \in \{1, \ldots, \alpha\}$. Enfin, pour tout $U, V \in E$, $\langle U, V \rangle = \sum_{i=1}^{\alpha} \langle U_i, V_i \rangle_i$ et $\|\,.\,\|$ définissent, respectivement, le produit scalaire et la norme dans E.

Dans ce qui suit, nous considérons le problème de point fixe général suivant :

$$\begin{cases} \text{Trouver } U^* \in E \text{ tel que} \\ U^* = F(U^*) \end{cases} \qquad (4.6)$$

où $U \mapsto F(U)$ est une application de E dans E. Soit $U \in E$, les décompositions par blocs de U et de F sont présentées comme suit :

$$\begin{aligned} U &= (U_1, \ldots, U_\alpha) \\ F(U) &= (F_1(U), \ldots, F_\alpha(U)) \end{aligned}$$

Les itérations parallèles asynchrones (voir section 2.3.3) pour la résolution du problème (4.6) sont définies comme suit : soit $U^0 \in E$ une solution initiale donnée, alors pour tout $p \in \mathbb{N}$, U^{p+1} est défini récursivement par :

$$U_i^{p+1} = \begin{cases} F_i(U_1^{\rho_1(p)}, \ldots, U_j^{\rho_j(p)}, \ldots, U_\alpha^{\rho_\alpha(p)}) \text{ si } i \in s(p) \\ U_i^p \text{ sinon} \end{cases} \qquad (4.7)$$

où

$$\begin{cases} \forall p \in \mathbb{N}, s(p) \subset \{1, \ldots, \alpha\} \text{ et } s(p) \neq \emptyset \\ \forall i \in \{1, \ldots, \alpha\}, \{p \mid i \in s(p)\} \text{ est dénombrable} \end{cases} \qquad (4.8)$$

et $\forall j \in \{1, \ldots, \alpha\}$,

$$\begin{cases} \forall p \in \mathbb{N}, \rho_j(p) \in \mathbb{N}, 0 \le \rho_j(p) \le p \text{ et } \rho_j(p) = p \text{ si } j \in s(p) \\ \lim_{p \to \infty} \rho_j(p) = +\infty. \end{cases} \qquad (4.9)$$

Le schéma itératif asynchrone, présenté ci-dessus, modélise des calculs parallèles effectués sans un ordre précis ni synchronisation et il décrit une méthode de sous-domaines sans recouvrement. Plus précisément, il permet de définir des calculs distribués dans lesquels les processeurs calculent à leurs propres rythmes en fonction de leurs caractéristiques intrinsèques et de leurs charges de calcul. Le parallélisme entre les processeurs est bien défini par l'ensemble $s(p)$ qui contient à chaque étape p l'indice des éléments de vecteur relaxés en parallèle par chaque processeur. De plus, l'utilisation des éléments reçus en retard dans (4.7) permet de définir un comportement non déterministe et non celui d'une inefficacité du schéma de calcul distribué. Il est à noter que théoriquement, d'après [57], chaque élément de vecteur doit être relaxé une infinité de fois. Le choix des éléments relaxés peut être guidé par un critère quelconque. Cependant, le critère de choix le plus évident consiste à utiliser les éléments de vecteur disponibles et récemment calculés par les processeurs.

Ce schéma itératif asynchrone (présenté ci-dessus) permet de décrire le modèle général des algorithmes itératifs parallèles, entre autres, celui des itérations synchrones si :

$$\forall j \in \{1, \ldots, \alpha\}, \ \forall p \in \mathbb{N}, \ \rho_j(p) = p.$$

Dans ce modèle, l'erreur absolue e_i^p du bloc i est définie par la norme euclidienne de la différence entre les deux valeurs du bloc U_i calculées par le processeur i aux deux itérations successives $p - 1$ et p comme suit :

$$e_i^p = \|U_i^p - U_i^{p-1}\|_2, \tag{4.10}$$

où U_i^p est le bloc i du vecteur U calculé à l'itération p.

Afin d'évaluer la quantité de calcul nécessaire pour atteindre la convergence, nous prenons en considération dans les expérimentations (voir section 4.4) le nombre de relaxations au lieu de celui des itérations. En effet, une relaxation peut être définie comme la mise à jour locale des éléments d'un bloc i du vecteur itéré U en fonction de l'application F_i (voir formule (4.7)). Cette définition s'applique aux deux cas : séquentiel et parallèle synchrone ou asynchrone. Par contre, une itération est la mise à jour des éléments de tous les blocs i du vecteur itéré U en fonction des applications F_i, où $i \in \{1, \ldots, \alpha\}$, de façon séquentielle ou parallèle synchrone. Donc, puisque cette dernière définition ne peut pas être appliquée au cas parallèle asynchrone, nous utilisons le nombre de relaxations comme indicateur du nombre d'opérations flottantes nécessaires pour atteindre la convergence.

4.2.2 Méthode parallèle de Richardson projetée

Dans cette section, nous présentons un algorithme itératif parallèle pour la résolution du problème aux limites défini par un opérateur de diffusion (4.4) et associé à un problème d'optimisation avec des contraintes sur la solution. Soit K un ensemble convexe fermé défini comme suit :

$$K = \{U \mid U \geq \bar{\Phi} \text{ partout dans } E\}$$

où $\bar{\Phi}$ est la fonction d'obstacle discrète. En fait, le problème de l'obstacle (4.5) peut être défini comme un problème d'optimisation avec contraintes suivant :

$$\begin{cases} \text{Trouver } U^* \in K \text{ tel que} \\ \forall V \in K, J(U^*) \leq J(V) \end{cases}$$

où la fonction de coût est donnée comme suit :

$$J(U) = \frac{1}{2}\langle \mathcal{A}U, U \rangle - \langle G, U \rangle$$

où $\langle ., . \rangle$ définit un produit scalaire dans E, $\mathcal{A} = A + \delta I$ est une matrice symétrique positive définie et A est la matrice de discrétisation associée à l'opérateur autoadjoint (4.4) après changement de variables.

Dans ce document, nous considérons des problèmes de l'obstacle de très grandes tailles. Donc, afin de réduire les temps de calcul, le problème d'optimisation (présenté ci-dessus) peut être résolu en utilisant une méthode parallèle asynchrone projetée sur l'ensemble convexe K.

Plus précisément, nous utilisons un algorithme parallèle asynchrone de la méthode Richardson projetée [61].

Nous étendons le formalisme présenté dans la section 4.2.1 pour définir la méthode Richardson parallèle asynchrone projetée comme suit. Soient $\forall i \in \{1, \ldots, \alpha\}, K_i \subset E_i$, K_i est un ensemble convexe fermé, $K = \prod_{i=1}^{\alpha} K_i$ et $G = (G_1, \ldots, G_\alpha) \in E$. Pour tout $U \in E$, soit $P_K(U)$ une projection de U sur K tel que $P_k(U) = (P_{K_1}(U_1), \ldots, P_{K_\alpha}(U_\alpha))$ où $\forall i \in \{1, \ldots, \alpha\}, P_{K_i}$ est une projection de E_i sur K_i.

Pour tout $\gamma \in \mathbb{R}$, $\gamma > 0$ paramètre de relaxation, soit un schéma de point fixe F_γ défini par :

$$U^\star = P_K(U^\star - \gamma(\mathcal{A}U^\star - G)) = F_\gamma(U^\star), \tag{4.11}$$

qui peut être aussi défini comme suit, tel que $F_\gamma(U) = (F_{1,\gamma}(U), \ldots, F_{\alpha,\gamma}(U))$:

$$\forall U \in E, F_{i,\gamma}(U) = P_{K_i}(U_i - \gamma(\mathcal{A}_i U - G_i)).$$

4.2.3   Méthode parallèle de relaxation par blocs projetée

Dans cette section, nous utilisons la méthode parallèle asynchrone de relaxation par blocs projetée, qui est liée directement à la décomposition naturelle par blocs de l'opérateur discrétisé avec la même notation utilisée dans la section 4.2.2. Cette méthode peut être appliquée dans les deux cas où la matrice $\mathcal{A}$ est symétrique ou asymétrique. Ceci signifie qu'elle peut être utilisée pour résoudre les problèmes discrétisés de diffusion ou ceux de convection-diffusion. C'est une méthode parallèle de sous-domaines sans recouvrement.

L'algorithme de relaxation par blocs projetée est associé au schéma de point fixe suivant :

$$U_i^\star = P_{K_i}(\mathcal{A}_{i,i}^{-1}(G_i - \sum_{j \neq i} \mathcal{A}_{i,j} U_j^\star)) = F_{B_i}(U^\star), \forall i \in \{1, \ldots, \alpha\}. \tag{4.12}$$

Nous pouvons associer à ce schéma de point fixe F_B une méthode par blocs parallèle asynchrone définie par (4.7), (4.8) et (4.9).

4.2.4   Convergence des méthodes

La propriété la plus importante pour assurer la convergence des deux méthodes, définies ci-dessous, est le fait que la matrice $\mathcal{A}$ soit une M-matrice [23]. De plus, la convergence de la méthode Richardson projetée est assurée selon les travaux présentés dans [61, 24] alors que, celle de la méthode de relaxation par blocs projetée peut être établie en utilisant, par exemple, des techniques de contraction [43, 62] ou d'ordre partiel [59, 60, 58].

Donc, il existe une valeur $\gamma_0 > 0$, tel que $\forall \gamma \in]0, \gamma_0[$, les itérations synchrones et asynchrones (4.7), (4.8) et (4.9) de la méthode Richardson projetée, associées au schéma de point fixe F_γ

(4.11), convergent vers une solution unique U^* du problème discrétisé pour toute solution initiale U^0.

Nous supposons que le système algébrique, issu de la discrétisation du problème de l'obstacle, est décomposé en q blocs, $q \geq \alpha$, sans recouvrement. Les itérations synchrones et asynchrones de la méthode de relaxation par blocs projetée (4.7), (4.8) et (4.9), associées au schéma de point fixe F_B (4.12), convergent vers la solution unique U^* et ce, pour les deux types de décomposition : par blocs ou par points ($\alpha = M$).

4.3 Mise en œuvre parallèle sur une grappe GPU

Dans cette section, nous décrivons la mise en œuvre sur un GPU des algorithmes des deux méthodes : Richardson projetée et de relaxation par blocs projetée, puis leurs parallélisation sur une grappe de GPUs.

4.3.1 Mise en œuvre sur un GPU

L'algorithme 4.1 définit les principaux points clés de l'algorithme de résolution des systèmes non linéaires issus de la discrétisation d'un problème de l'obstacle, où A est la matrice de discrétisation, G est le vecteur second membre et U est le vecteur solution.

Algorithm 4.1: Algorithme général pour la résolution des systèmes non linéaires du problème de l'obstacle

Entrées: A (matrice), G (vecteur second membre), ε (seuil de tolérance), $MaxRelax$ (nombre maximum de relaxations), $NbPasTemps$ (nombre de pas de temps)

Sorties: U (vecteur solution)

1   Initialiser les paramètres du problème de l'obstacle;
2   Allouer et copier les données dans la mémoire GPU;
3   **pour** $(t = 1)$ **a** $NbPasTemps$ **faire**
4      $G \leftarrow \frac{1}{k}U + F$;
5      $Resoudre(A, U, G, \varepsilon, MaxRelax)$;
6   **fin**
7   Copier les résultats de la mémoire GPU vers la mémoire CPU;

Après l'étape d'initialisation des paramètres (ligne 1 de l'algorithme 4.1), toutes les données du problème de l'obstacle doivent être copiées depuis la mémoire CPU vers la mémoire GPU (ligne 2). Ensuite, l'algorithme utilise $NbPasTemps$ pas de temps pour résoudre le problème de l'obstacle, en appliquant un solveur itératif défini par la fonction $Resoudre()$ à la ligne 5. La méthode itérative que nous utilisons est celle de Richardson projetée ou de relaxation par blocs projetée adaptée aux GPUs. A chaque pas de temps, la solution initiale de la méthode itérative est fixée à la valeur de la solution trouvée au pas de temps précédent. De plus, le vecteur second membre G est calculé comme suit :

$$G = \delta U^{prec} + F, \ \delta = \frac{1}{k},$$

où δ est l'inverse du pas de temps k, U^{prec} est la solution trouvée au pas de temps précédent et chaque élément, $f(x, y, z)$, du vecteur F est défini comme suit :

$$f(x, y, z) = \cos(2\pi x) \cdot \cos(4\pi y) \cdot \cos(6\pi z).$$

Enfin, la solution finale du problème de l'obstacle doit être copiée depuis la mémoire GPU vers la mémoire CPU (ligne 7). Nous utilisons les fonctions CUBLAS pour l'allocation mémoire dans le GPU (`cublasAlloc()`) et les copies mémoires entre le CPU et son GPU (`cublasSetVector()` et `cublasGetVector()`).

Les deux méthodes itératives (Richardson et de relaxation par blocs projetées) sont basées, principalement, sur des fonctions algébriques opérant sur des vecteurs et/ou des matrices. Donc, leurs mises en œuvre sur un GPU sont réalisées de façon à ce que le GPU exécute toutes les opérations vectorielles comme des kernels et le CPU supervise l'exécution des kernels et l'approvisionnement du GPU en données. L'algorithme 4.2 montre les principaux points clés des deux solveurs itératifs (fonction *Resoudre()* dans l'algorithme 4.1).

Algorithm 4.2: Algorithme global de la fonction Resoudre

    Entrées: A (matrice), G (vecteur second membre), ε (seuil de tolérance), $MaxRelax$
               (nombre maximum de relaxations)
    Sorties: U (vecteur solution)

1 $p \leftarrow 0$;
2 $conv \leftarrow faux$;
3 **répéter**
4     $tmp \leftarrow U$;
5     $Calculer\_Nouveaux\_Elements\_Vecteur(A, G, U)$;
6     $tmp \leftarrow tmp - U$;
7     $erreur \leftarrow \|tmp\|_2$;
8     $p \leftarrow p + 1$;
9     $conv \leftarrow Convergence(erreur, \varepsilon, p, MaxRelax)$;
10 **jusqu'à** $(conv = vrai)$;

Toutes les opérations vectorielles dans la boucle principale (**répéter** ... **jusqu'à()**) sont

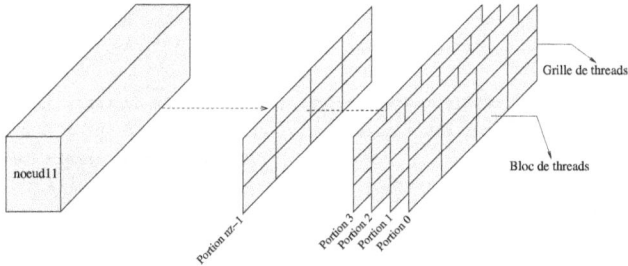

FIGURE 4.1 – Décomposition d'un sous-problème en nz portions

exécutées par le GPU. Pour cela, nous utilisons les fonctions de la bibliothèque CUBLAS suivantes :

— `cublasDcopy()` pour les copies mémoires dans la mémoire GPU (ligne 4 de l'algorithme 4.2),

— `cublasDaxpy()` pour calculer l'erreur absolue de la différence entre les solutions calculées dans deux pas de temps successifs (ligne 6) et,

— `cublasDnrm2()` pour calculer la norme euclidienne de l'erreur absolue (ligne 7).

Les principaux kernels de la fonction *Calculer_Nouveaux_Elements_Vecteur*() (ligne 5 de l'algorithme 4.2), sont ceux de la multiplication matrice-vecteur (AU) et la mise à jour des éléments du vecteur solution U. Enfin, la fonction *Convergence*() permet de détecter la convergence du solveur itératif. Elle est basée sur le seuil de tolérance ε et le nombre maximum de relaxations $MaxRelax$ pour arrêter les calculs. Dans le cas séquentiel, le solveur itératif est dit convergent lorsque l'erreur absolue *erreur* (voir la formule 4.10) est suffisamment petite ($erreur < \varepsilon$) et/ou le nombre maximum de relaxations est atteint ($p \geq MaxRelax$).

La configuration de la grille de threads nécessaire pour l'exécution d'un kernel sur un GPU est déterminée (par le processus CPU) en fonction de la taille du problème de l'obstacle à résoudre comme suit :

$$NbBlocs = \frac{(nx \times ny \times nz) + NbThreads - 1}{NbThreads},$$

où $NbBlocs$ est le nombre de blocs de threads dans la grille, $NbThreads$ est le nombre de threads par bloc et nx, ny et nz sont les dimensions du problème sur les axes x, y et z, respectivement. Cependant, la taille de la grille de threads nécessaire pour résoudre un problème de l'obstacle de grande dimension peut dépasser le nombre maximum de blocs de threads qu'un GPU peut exécuter (au maximum 65.535 blocs de threads). Par conséquent, pour chaque kernel, nous décomposons le problème ($nx \times ny \times nz$) en nz portions bidimensionnelles de taille ($nx \times ny$), comme nous pouvons le voir sur la figure 4.1.

Ensuite, toutes les nz portions d'un même kernel sont exécutées par $nx \times ny$ threads GPU

```
\* Kernel GPU *\
__global__ void Kernel(..., int n, int nx, int ny, int nz, int pas, ...)
{
  int tx = blockIdx.x * blockDim.x + threadIdx.x; //coordonnée du thread sur l'axe x
  int ty = blockIdx.y * blockDim.y + threadIdx.y; //coordonnée du thread sur l'axe y
  int tid = tx + ty * nx;                         //identifiant du thread dans la grille
  for(int i=0; i<nz; i++){
    if((tx<nx) && (ty<ny) && (tid<n)){
      ...
    }
    tid += pas;
  }
}


/* Fonction CPU */
void Procedure(...)
{
  int bx = 64, by = 4;
  int gx = (nx + bx - 1) / bx;
  int gy = (ny + by - 1) / by;
  int pas = nx * ny;
  int n = nx * ny * nz;//taille du problème
  dim3 Bloc(bx, by);   //dimensions d'un bloc de threads
  dim3 Grille(gx, gy); //dimensions de la grille de threads
  ...
  Kernel<<<Grille,Bloc>>>(..., n, nx, ny, nz, pas, ...);
  ...
}
```

FIGURE 4.2 – Squelettes des codes d'un kernel GPU et d'une Fonction CPU

en utilisant une boucle for, comme nous l'avons présenté dans la figure 4.2. Les $nx \times ny$ threads sont organisés en une grille de blocs de threads bidimensionnels. Chaque thread est en charge de nz éléments de vecteur (un de chaque portion) espacés d'un pas constant ($nx \times ny$) dans la mémoire GPU. La fonction CPU Procedure() (présentée dans la figure 4.2) correspond au code général de la fonction *Calculer_Nouveaux_Elements_Vecteur*() de l'algorithme 4.2. Cependant, sa mise œuvre sur un GPU dépend de la méthodologie utilisée par le solveur itératif choisi pour calculer les nouvelles valeurs des éléments du vecteur solution U :

— la méthode Richardson est basée sur les itérations de la méthode Jacobi par points,
— la méthode de relaxation par blocs est basée sur les itérations de la méthode Gauss-Seidel par blocs.

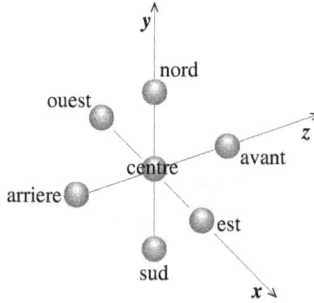

FIGURE 4.3 – Coefficients de la matrice de discrétisation A dans un domaine tridimensionnel

Dans ce qui suit, nous présentons les principaux kernels de la fonction *Calculer_Nouveaux_Elements_* pour chacune des deux méthodes itératives. La matrice A de discrétisation est une matrice tridiagonale définie dans un domaine tridimensionnel. Elle est composée de sept coefficients constants, nommés dans ce document par : *centre*, *ouest*, *est*, *sud*, *nord*, *arriere* et *avant*. La figure 4.3 montre les positions de ces coefficients dans un domaine tridimensionnel. Pour des raisons de performances, les coefficients de cette matrice sont chargés dans des registres GPU durant l'exécution d'un kernel. En outre, nous utilisons la mémoire texture pour stocker les éléments du vecteur solution U. Ceci permet d'améliorer le temps des accès non coalescents à la mémoire globale GPU pour la lecture de ces éléments de vecteur. Enfin, les codes des kernels définis ci-après sont basés sur celui présenté dans la figure 4.2.

Kernels de la méthode Richardson projetée

Les itérations de la méthode Richardson projetée, basées sur celles de la méthode Jacobi, sont définies comme suit :

$$
\begin{aligned}
u^{p+1}(x,y,z) \;=\; & \frac{1}{centre} \cdot (g(x,y,z) - (centre \cdot u^p(x,y,z) + \\
& ouest \cdot u^p(x-h,y,z) + est \cdot u^p(x+h,y,z) + \\
& sud \cdot u^p(x,y-h,z) + nord \cdot u^p(x,y+h,z) + \\
& arriere \cdot u^p(x,y,z-h) + avant \cdot u^p(x,y,z+h))),
\end{aligned}
$$

où $u^p(x,y,z)$ est un élément du vecteur solution U trouvé après p relaxations, $g(x,y,z)$ est un élément du vecteur second membre G et "·" définit le produit d'un vecteur par un scalaire.

La figure 4.4 montre les codes des deux kernels du solveur Richardson projeté, à savoir : la multiplication matrice-vecteur (`Multiplication_MV()`) et la mise à jour des éléments de vecteur U (`Mise_A_Jour_Vecteur()`). La fonction `fetch_double(vec,i)` permet de lire depuis le cache mémoire texture le $i^{ème}$ élément du vecteur `vec` double précision. La mise en œuvre de

```
/* Kernel de la multiplication matrice-vecteur */
__global__ void Multiplication_MV(..., double* U, double* Y)
{
  //Charger les coefficients de la matrice dans des registres
  ...
  for(int tz=0; tz<nz; tz++){
    if((tx<nx) && (ty<ny) && (tid<n)){
      double sum = centre * fetch_double(U, tid);
      if(tx != 0)    sum += ouest  * fetch_double(U, tid-1);
      if(tx != nx-1) sum += est    * fetch_double(U, tid+1);
      if(ty != 0)    sum += sud    * fetch_double(U, tid-nx);
      if(ty != ny-1) sum += nord   * fetch_double(U, tid+nx);
      if(tz != 0)    sum += arriere * fetch_double(U, tid-nx*ny);
      if(tz != nz-1) sum += avant  * fetch_double(U, tid+nx*ny);
      Y[tid] = sum;
    }
    tid += pas;
  }
}


/* Kernel de la mise à jour */
__global__ void Mise_A_Jour_Vecteur(..., double* G, double* Y, double* U)
{
  //Charger le coefficient centre de la matrice dans un registre
  ...
   for(int tz=0; tz<nz; tz++){
    if((tx<nx) && (ty<ny) && (tid<n)){
      double var = (G[tid] - Y[tid]) / centre + fetch_double(U, tid);
      if(var < 0) var = 0; //projection
      U[tid] = var;
    }
    tid += pas;
  }
}


/* Fonction CPU*/
void Calculer_Nouveaux_Elements_Vecteur(double* A, double* G, double* U)
{
  double *Y;
  //Configurer l'exécution des kernels: Grille et Bloc
  //Charger le vecteur U dans la mémoire texture
  //Allouer un espace mémoire GPU pour le vecteur Y
  Multiplication_MV<<<Grille,Bloc>>>(..., U, Y);
  Mise_A_Jour_Vecteur<<<Grille,Bloc>>>(..., G, Y, U);
}
```

FIGURE 4.4 – Kernels GPU du solveur Richardson projeté

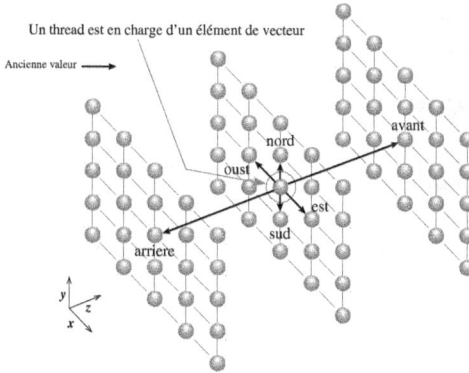

FIGURE 4.5 – Calcul d'un élément de vecteur par la méthode Richardson projetée

ces kernels sur un GPU utilise un parallélisme multithreadé parfait. En effet, les itérations par points de la méthode Richardson permettent au GPU d'exécuter un grand nombre de threads (équivalent à la taille du problème), de façon à ce que chaque thread soit en charge d'un élément de vecteur (voir figure 4.5). Cependant, vu les grandes dimensions des problèmes de l'obstacle traités dans ce document, nous utilisons (comme nous l'avons déjà mentionné précédemment) une grille de $nx \times ny$ threads pour l'exécution de ces kernels GPU, de façon à ce que chaque thread soit en charge de nz éléments de vecteur (un élément de chaque portion sur l'axe z). Ceci permet d'éviter de dépasser le nombre maximum de threads (ou de blocs de threads) qu'un GPU peut exécuter.

En outre, cette méthode utilise la fonction de mise à jour de la méthode itérative Jacobi. Ceci signifie que chaque thread GPU i met à jour la valeur de son élément de vecteur, u_i^{p+1}, indépendamment des autres mises à jour, u_j^{p+1} où $j \neq i$, effectuées à la même relaxation $p+1$ par les autres threads. Par conséquent, cette méthodologie de mise à jour permet une maximisation de l'utilisation des cœurs GPU et, ainsi, une bonne performance d'exécution des kernels sur le GPU.

Kernels de la méthode de relaxation par blocs projetée

La méthode de relaxation par blocs projetée nécessite une résolution triangulaire des blocs de la matrice (découpée en blocs de taille nx selon l'axe x par exemple). Cependant, ce type de résolution n'est pas adapté aux GPUs car il ne permet pas de maximiser l'utilisation des cœurs GPUs.

La figure 4.6 montre la mise en œuvre des principaux kernels du solveur de relaxation par blocs projeté. A l'étape d'initialisation dans l'algorithme 4.1, une triangularisation est réalisée

```
/* Kernel de multiplication matrice-vecteur utilisant les anciennes valeurs */
__global__ void Forwrd_MV(..., double* U, double* Y)
{
  //Charger les coefficients de la matrice nord et avant dans des registres
  ...
  for(int tz=0; tz<nz; tz++){
    if((tx<nx) && (ty<ny) && (tid<n)){
      double sum = 0;
      if(ty != ny-1) sum += nord  * fetch_double(U, tid+nx);
      if(tz != nz-1) sum += avant * fetch_double(U, tid+nx*nz);
      Y[tid] = sum;
    }
    tid += pas;
  }
}


/* Kernel de multiplication matrice-vecteur utilisant les nouvelles valeurs */
__global__ void Backwrd_MV(int nx, int ny, int ty, int tz, double* U, double* Y)
{
  int tid = blockIdx.x * blockDim.x + threadIdx.x; //identifiant du thread
  //Charger les coefficients de la matrice sud et arriere dans des registres
  if(tid < nx){
    double sum = 0;
    if(ty != 0) sum += sud     * fetch_double(U, tid-nx);
    if(tz != 0) sum += arriere * fetch_double(U, tid-nx*ny);
    Y[tid] += sum;
  }
}


/* Fonction CPU */
void Calculer_Nouveaux_Elements_Vecteur(double* A, double* G, double* U)
{
  double *Y;
  //Configurer l'exécution du kernel Forwrd_MV(): Grille et Bloc
  //Charger le vecteur U dans la mémoire texture
  //Allouer un espace mémoire GPU pour le vecteur Y
  //Configurer l'exécution du kernel Backwrd_MV():
  int Threads = 256;                       //nombre de threads par bloc
  int Blocs = (nx + Threads - 1) / Threads; //nombre de blocs de threads dans la grille
  Forwrd_MV<<<Grille,Bloc>>>(..., U, Y);
  for(int i=0; i<ny*nz; i++){
    int ty = i % ny; //coordonnée du thread sur l'axe y
    int tz = i / ny; //coordonnée du thread sur l'axe z
    Backwrd_MV<<<Blocs,Threads>>>(nx, ny, ty, tz, &U[i*nx], &Y[i*nx]);
    Substitution_Arriere<<<1,1>>>(&G[i*nx], &Y[i*nx], &U[i*nx]);
  }
}
```

FIGURE 4.6 – Kernels GPU du solveur de relaxation par blocs projeté

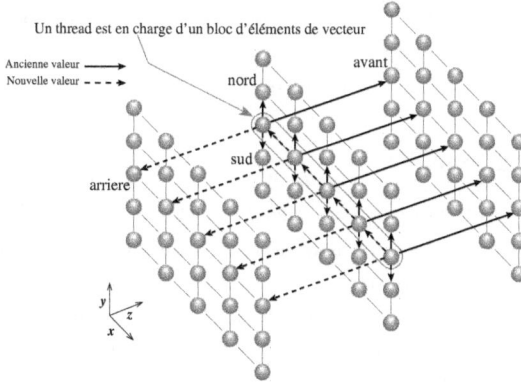

FIGURE 4.7 – Calcul d'un élément de vecteur par la méthode de relaxation par blocs projetée

sur chaque bloc de la matrice tridiagonale le long de l'axe x (factorisation en matrices diagonale et strictement inférieure). Comme nous l'avons déjà mentionné, la mise en œuvre de ce solveur est basée sur les itérations de la méthode Gauss-Seidel par blocs. Ceci signifie que la mise à jour d'un bloc d'éléments, U_i^{p+1}, implique les anciennes valeurs du bloc U_j^p où $j > i$ et les nouvelles valeurs du bloc U_k^{p+1} où $k < i$.

A chaque relaxation, ce solveur effectue d'abord une multiplication matrice-vecteur utilisant les anciens éléments de vecteur u_j^p où $j > i$ (kernel Forwrd_MV()). Ce kernel est exécuté par $nx \times ny$ threads, où chaque thread est en charge de nz éléments de vecteur. Ensuite, dans une boucle for de $ny \times nz$ itérations, le solveur de relaxation par blocs effectue dans chaque bloc U_i de nx éléments de vecteur :

— une multiplication matrice-vecteur utilisant les nouveaux éléments de vecteur u_k^{p+1} où $k < i$ (kernel Backwrd_MV()) puis,

— une résolution triangulaire par des substitutions arrière (kernel Substitution_Arriere()).

Dans le cas de la multiplication matrice-vecteur Backwrd_MV(), nx threads sont utilisés pour exécuter ce kernel de façon à ce que chaque thread soit en charge d'un élément dans le même bloc de vecteur U_i. Par contre, un seul thread GPU est en charge de mettre à jour les éléments de vecteur du bloc U_i^{p+1} en utilisant une résolution triangulaire (voir figure 4.7). Ceci est dû au fait que le calcul d'un élément de vecteur soit lié aux calculs des autres éléments dans le même bloc.

Donc, nous pouvons remarquer (voir figure 4.6) que chaque thread chargé d'un bloc de vecteur doit d'abord attendre les mises à jour des blocs U_k^{p+1}, effectuées par les autres threads, avant de calculer les nouveaux éléments de son propre bloc. Toutefois, le fait qu'un thread doit attendre que les autres threads aient terminé leurs calculs affecte considérablement les performances de calcul d'un GPU. Par conséquent, nous avons mis en œuvre les fonctions de résolution triangulaire et de mise à jour sur le CPU. Bien évidemment, ceci nécessite des transferts de données entre le GPU et son hôte CPU.

4.3.2   Parallélisation

La mise en œuvre de l'algorithme parallèle de la méthode Richardson projetée et celui de la méthode de relaxation par blocs projetée nécessite d'abord un partitionnement de données entre les différents nœuds d'une grappe GPU. Soit N le nombre de nœuds de calcul de la grappe GPU, où un nœud représente un cœur CPU géré par un processus MPI et équipé d'un processeur graphique GPU. Donc, le problème de l'obstacle tridimensionnel à résoudre, de taille $(nx \times ny \times nz)$, doit être décomposé en N sous-problèmes parallélépipédiques de façon à ce que chaque sous-problème soit attribué à un nœud de calcul comme présenté dans la figure 4.8. En effet, les tailles ny et nz du problème tridimensionnel sur les axes y et z sont découpées, respectivement, en N_y et N_z parties tel que $N = N_y \times N_z$. Ce type de partitionnement permet de réduire le volume total des échanges de données entre les nœuds de calcul sur les frontières des sous-domaines.

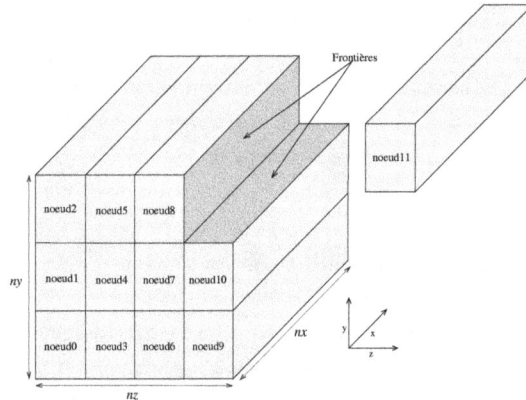

FIGURE 4.8 – Partitionnement de données d'un problème de l'obstacle tridimensionnel en $N = 3 \times 4$ sous-problèmes

Ensuite, l'algorithme 4.1 de résolution des systèmes non linéaires issus de la discrétisation de ce problème doit être exécuté en parallèle par tous les nœuds de calcul de la grappe GPU. En effet, à chaque pas de temps, un même solveur itératif (algorithme 4.2) adapté aux GPUs est exécuté en parallèle par tous les nœuds de calcul opérant sur leurs données locales. De plus, des communications de synchronisation sont effectuées entre les nœuds voisins pour assurer la résolution du problème de l'obstacle global. En effet, un nœud de calcul peut avoir au maximum quatre nœuds voisins, avec lesquels il peut partager des données sur les frontières de son sous-problème local.

A chaque relaxation p, chaque nœud de calcul (GPU et son hôte CPU) exécute l'algorithme ci-dessous jusqu'à ce que la convergence soit atteinte :

1. Déterminer les éléments de vecteur associés aux frontières partagées avec les nœuds voisins,

2. Copier les éléments de vecteur associés aux frontières de la mémoire GPU vers la mémoire CPU,

3. Echanger les éléments de vecteur associés aux frontières avec les nœuds voisins,

4. Copier les éléments de vecteur associés aux frontières reçus des nœuds voisins de la mémoire CPU vers la mémoire GPU,

5. Calculer les nouvelles valeurs des éléments du vecteur solution U.

L'algorithme ci-dessus correspond à la mise en œuvre parallèle de la fonction du calcul des nouvelles valeurs des éléments du vecteur *Calculer_Nouveaux_Elements_Vecteur*() de l'algorithme 4.2.

Dans le cas des solveurs itératifs synchrones, la convergence globale est détectée lorsque la valeur maximale de l'erreur absolue *erreur* (voir algorithme 4.2) est suffisamment petite et/ou le nombre maximum de relaxations *MaxRelax* est atteint, comme suit :

$$AllReduce(erreur, \ maxerreur, \ MAX);$$
$$\text{si}(maxerreur < \varepsilon \ \text{ou} \ p \geq MaxRelax)$$
$$conv \leftarrow vrai;$$

où la fonction *AllReduce*() est mise en œuvre en utilisant la routine MPI de réduction globale, `MPI_Allreduce()`, qui permet de trouver la valeur maximale *maxerreur* parmi les valeurs locales *erreur* de tous les nœuds de calcul. Par contre, dans le cas des solveurs itératifs asynchrones, la convergence globale est détectée lorsque tous les nœuds de calcul ont convergé localement. Pour cela, nous utilisons une architecture en anneau autour de laquelle un jeton circule, dans une seule direction, d'un nœud de calcul à un autre tant que la convergence globale n'est pas encore atteinte. En démarrant du nœud 0, chaque nœud i met le jeton à vrai si la convergence locale est atteinte sinon à faux puis, il le transmet à son voisin $i+1$ dans l'anneau. Enfin, la convergence globale est détectée lorsque le nœud 0 reçoit de son voisin $N-1$ dans l'anneau un jeton initialisé à vrai. Dans ce cas, le nœud 0 envoie un message d'arrêt à tous les nœuds de la grappe de calcul.

Pour les copies de données entre un GPU et son hôte, nous utilisons les routines de communications synchrones de la bibliothèque CUBLAS : `cublasSetVector()` et `cublasGetVector()`.

Ces deux routines permettent un recouvrement entre l'exécution des kernels et les transferts de données entre un GPU et son hôte. En outre, nous utilisons les routines de communications MPI pour effectuer les échanges de données entre les nœuds de calcul voisins. Nous utilisons les routines de communication non bloquantes : `MPI_Isend()` et `MPI_Irecv()` pour les envois et réceptions de données, respectivement. De plus, nous utilisons la routine `MPI_Waitall()` dans le cas des solveurs synchrones, qui permet de mettre un processus en état bloquant jusqu'à ce que l'opération d'envoi ou de réception de données soit terminée. Par contre, nous utilisons la routine `MPI_Test()` dans le cas des solveurs asynchrones, qui permet de tester la fin des opérations d'envois ou de réceptions de données sans mettre le processus en état bloquant.

4.4   Expérimentations sur une grappe GPU

Dans cette section, nous étudions les performances de résolution des algorithmes parallèles itératifs synchrone et asynchrone de la méthode Richardson projetée et ceux de la méthode de relaxation par blocs projetée. Nous utilisons un réseau InfiniBand de six nœuds de calcul (grappe GPU présentée dans la figure 3.6). Chaque nœud est un Xeon Quad-Core E5530 équipé de deux GPUs nVIDIA Tesla C1060.

Dans les tests expérimentaux, les problèmes de l'obstacle à résoudre sont définis dans un domaine constant tridimensionnel $\Omega \subset \mathbb{R}^3$. Tous les tests sont effectués sur des données double précision. Les valeurs numériques des paramètres de l'opérateur convection-diffusion sont : $\eta = 0.2$, $c = 1.1$ et le temps final $T = 0.02$. De plus, trois pas de temps sont calculés avec $k = 0.0066$. La fonction initiale $u(0, x, y, z)$ du problème de l'obstacle (4.1) est mise à 0, avec une contrainte $u \geq \phi = 0$. Enfin, le seuil de tolérance ε est initialisé à 10^{-4} et le nombre maximum de relaxations est limité à 10^6 relaxations.

Les mesures de performances prises en considération sont les temps de résolution et le nombre de relaxations effectuées pour atteindre la convergence et ce, sur une grappe de 24 cœurs CPU et 12 GPUs. Les résultats de performances, présentés ci-après, sont obtenus de la résolution parallèle des systèmes non linéaires issus de la discrétisation des problèmes de l'obstacle de tailles : 256^3, 512^3, 768^3 et 800^3.

Les deux tableaux 4.1 et 4.2 rapportent les temps d'exécution en secondes et le nombre de relaxations effectuées par les algorithmes synchrones et asynchrones des deux méthodes : Richardson projetée et de relaxation par blocs projetée, mis en œuvre sur une grappe de 24 cœurs CPU et sur une grappe de 12 GPUs, respectivement. Dans ces tableaux, le temps d'exécution est défini comme celui effectué par le processus le plus lent et le nombre de relaxation (*relax.*) représente le nombre total des relaxations effectuées par tous les nœuds de calcul. Nous pouvons remarquer dans les deux tableaux que les algorithmes de ces méthodes en asynchrone sont sensiblement meilleurs que ceux en synchrone. En effet, la grappe GPU de test utilisée est

Taille du pb.	Méthode	Synchrone		Asynchrone	
		$Temps_{cpu}$	# relax. total	$Temps_{cpu}$	# relax. total
256^3	Richardson	575, 22	198.288	539, 25	198.613
	Relaxation	137, 50	37.080	131, 71	38.348
512^3	Richardson	19.250, 25	750.912	18.237, 14	769.611
	Relaxation	4.814, 71	132.600	4.371, 59	141.067
768^3	Richardson	206.159, 44	1.635.264	183.582, 60	1.577.004
	Relaxation	41.236, 56	279.768	37.191, 07	273.515
800^3	Richardson	222.108, 09	1.769.232	188.790, 04	1.701.735
	Relaxation	43.629, 92	301.584	39.425, 02	297.234

TABLE 4.1 – Temps d'exécution en secondes des algorithmes parallèles des méthodes Richardson projetée et de relaxation par blocs projetée sur une grappe de 24 cœurs CPU

Taille du pb.	Méthode	Synchrone		Asynchrone	
		$Temps_{gpu}$	# relax. total	$Temps_{gpu}$	# relax. total
256^3	Richardson	29, 67	100.692	18, 00	94.215
	Relaxation	66, 22	19.548	63, 10	20.226
512^3	Richardson	521, 83	381.300	425, 15	347.279
	Relaxation	1.822, 57	69.960	1.763, 84	71.203
768^3	Richardson	4.112, 68	831.144	3.313, 87	750.232
	Relaxation	12.858, 47	147.672	12.368, 78	149.734
800^3	Richardson	3.950, 87	899.088	3.636, 57	834.900
	Relaxation	15.896, 15	159.204	15.036, 90	160.836

TABLE 4.2 – Temps d'exécution en secondes des algorithmes parallèles des méthodes Richardson projetée et de relaxation par blocs projetée sur une grappe de 12 GPUs

composée de nœuds de calcul homogènes connectés entre eux par des liens de communications à faible latence. Donc, ceci ne permet pas d'avoir une grande différence de performances entre les deux versions : asynchrone et synchrone. Cependant, comme nous l'avons déjà mentionné (voir section 2.3), les algorithmes asynchrones seraient plus performants sur des plateformes de calcul parallèle composées de nœuds de calcul géographiquement distants et/ou hétérogènes.

En outre, nous pouvons remarquer dans le tableau 4.1 que les algorithmes parallèles de la méthode de relaxation par blocs projetée sont (dans ces exemples de problèmes de l'obstacle) environ cinq fois plus rapides que ceux de la méthode de Richardson projetée sur une grappe traditionnelle CPU. En fait, la méthode Gauss-Seidel par blocs effectue moins d'itérations que la méthode Jacobi par points. Par conséquent, elle permet à la méthode de relaxation par

Taille du pb.	Méthode	Synchrone		Asynchrone	
		τ_{rel}	τ_{max}	τ_{rel}	τ_{max}
256^3	Richardson	19, 39	4, 63	29, 96	7, 32
	Relaxation	2, 08		2, 09	
512^3	Richardson	36, 89	9, 23	42, 89	10, 28
	Relaxation	2, 64		2, 48	
768^3	Richardson	50, 13	10, 03	55, 40	11, 22
	Relaxation	3, 21		3, 01	
800^3	Richardson	56, 22	11, 04	51, 91	10, 84
	Relaxation	2, 74		2, 62	

TABLE 4.3 – Ratios entre le temps d'exécution sur un grappe de 24 cœurs CPU et le temps d'exécution sur une grappe de 12 GPUs

blocs projetée d'effectuer moins de relaxations et donc, de converger plus rapidement que la méthode Richardson projetée. En revanche sur une grappe de GPUs, nous avons obtenu un comportement, des deux méthodes, complètement opposé à celui constaté sur une grappe de CPUs. En effet, dans le tableau 4.2, nous pouvons remarquer que la méthode de relaxation par blocs projetée est, en moyenne, quatre fois moins rapide que la méthode Richardson projetée, même si elle effectue cinq fois moins de relaxations que cette dernière. Ceci est dû au fait qu'une relaxation de la méthode de relaxation par blocs projetée est exécutée sur les GPUs moins rapidement que celle de la méthode Richardson projetée. En effet, cette dernière est basée sur les itérations de la méthode Jacobi par points qui lui permettent une bonne parallélisation multithreadée de ses algorithmes sur des GPUs.

Dans le tableau 4.3, nous avons calculé des ratios réels τ_{rel} et τ_{max} pour les algorithmes parallèles, synchrones et asynchrones, des deux méthodes : Richardson projetée et de relaxation par blocs projetée. Chaque ratio est calculé comme le rapport entre le temps d'exécution d'un algorithme sur la grappe CPU, $Temps_{cpu}$, et celui du même algorithme sur la grappe GPU, $Temps_{gpu}$, comme suit :

$$\tau = \frac{Temps_{cpu}}{Temps_{gpu}}.$$

Le ratio τ_{rel} définit le gain relatif obtenu d'une méthode exécutée sur la grappe GPU par rapport à la même méthode exécutée sur la grappe CPU. Par contre, le ratio τ_{max} définit le gain relatif obtenu de la résolution d'un problème de l'obstacle avec la meilleure méthode sur la grappe GPU (méthode Richardson projetée) par rapport à la meilleure méthode sur la grappe CPU (méthode de relaxation par blocs projetée). Bien évidemment, nous pouvons constater que la résolution de problèmes de l'obstacle de grandes dimensions est plus performante sur une grappe GPU que sur une grappe CPU. Ceci est dû au fait que les GPUs ont une capacité de traitement parallèle des problèmes de grandes tailles plus efficace que celle des CPUs.

Cependant, pour les différentes tailles de problèmes de l'obstacle dans ces exemples, le gain relatif τ_{rel} de la méthode de relaxation par blocs projetée est largement inférieur à celui de la méthode Richardson projetée. En effet, la mise en œuvre de cette méthode sur des GPUs utilise des calculs mixtes GPU/CPU où la résolution triangulaire et les mises à jour des éléments de vecteur sont effectuées sur les CPUs. Ceci implique aussi, à chaque relaxation, des transferts de données entre le CPU et son GPU qui ralentissent encore davantage la résolution de ces problèmes.

Afin d'améliorer les performances du solveur de relaxation par blocs projeté sur la grappe GPU, nous pouvons remplacer la méthode Gauss-Seidel par blocs par celle de la méthode Jacobi par blocs. Cette dernière méthode permet à chaque thread GPU de mettre à jour les éléments de son bloc de vecteur indépendamment de ceux calculés par les autres threads à la même relaxation. Toutefois, la nature par blocs de ses itérations nécessite d'effectuer, à chaque relaxation, une résolution triangulaire dans chaque bloc de vecteur qui n'est pas facile à paralléliser sur un GPU. Pour cela, nous nous focalisons dans les tests de performances sur le solveur de relaxation par blocs projeté basé sur la méthode Gauss-Seidel qui est plus efficace sur les CPUs que celle de Jacobi. Donc, nous pouvons remarquer, des ratios τ_{max} dans le tableau 4.3, que la résolution de problèmes de l'obstacle de grandes tailles avec la méthode Richardson projetée sur une grappe GPU est plus performante (de 4 à 11 fois plus rapide dans ces exemples) que celle effectuée avec la méthode de relaxation par blocs projetée sur une grappe CPU.

4.5   Utilisation de la méthode de numérotation rouge-noir

Dans cette section, nous présentons quelques solutions pour réduire le temps d'exécution et le nombre de relaxations de la méthode parallèle Richardson projetée sur les grappes GPU. Pour cela, nous utilisons la méthode de numérotation rouge-noir pour accélérer la convergence de cette méthode.

4.5.1   Mise œuvre sur une grappe GPU

Soit t la somme des trois coordonnées naturelles x, y et z d'un élément de vecteur sur un domaine tridimensionnel : $t = x + y + z$. Comme le montre la figure 4.9-(a), la méthode de numérotation rouge-noir consiste à calculer en parallèle, à chaque itération, d'abord les éléments de vecteur rouges ayant une valeur t paire en fonction de ceux qui sont en noir puis, les éléments de vecteur noirs ayant une valeur t impaire en fonction de ceux qui sont en rouge. Les itérations de ce processus s'arrêtent lorsque la convergence est atteinte.

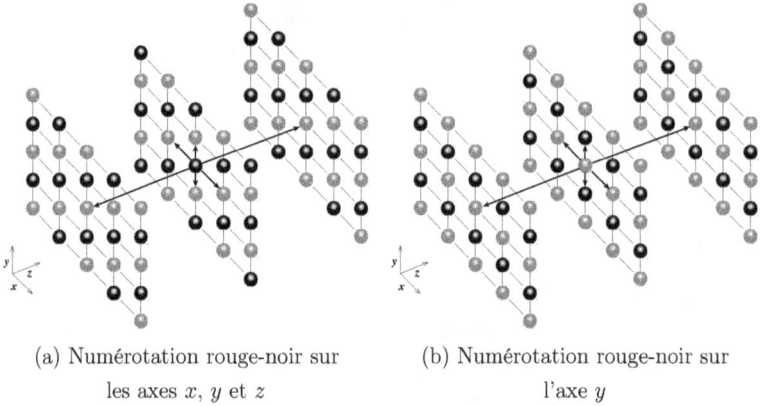

(a) Numérotation rouge-noir sur
les axes x, y et z

(b) Numérotation rouge-noir sur
l'axe y

FIGURE 4.9 – Numérotation rouge-noir pour le calcul des éléments de vecteur dans un domaine tridimensionnel

La méthode de numérotation rouge-noir peut être mise en œuvre sur le GPU de deux façons :

— Parmi tous les threads exécutés, un seul thread sur deux calcule son élément de vecteur rouge ou noir à la fois ou,

— tous les threads exécutés calculent d'abord les éléments de vecteur en rouge puis ceux en noir.

Cependant dans les deux mises en œuvre, pour chaque transaction mémoire effectuée par un demi-warp, seule la moitié du segment mémoire requis est utilisée. Donc, le calcul de tous les éléments de vecteur rouges et noirs nécessite deux fois le nombre de transactions mémoires initial. Par conséquent, nous proposons d'appliquer la numérotation rouge-noir, seulement, sur l'axe y comme le montre la figure 4.9-(b). En effet, dans ce cas, cette méthode permet de calculer en parallèle d'abord les éléments de vecteur rouges ayant une coordonnée y paire, en fonction des éléments de vecteur noirs ayant une coordonnée y impaire, puis vice versa.

En outre, dans la mise en œuvre de la méthode Richardson projetée sur un GPU proposée dans la section 4.3, un problème de l'obstacle de taille $(nx \times ny \times nz)$ est décomposé en nz grilles de taille $nx \times ny$. Puis, chaque kernel de la méthode est exécuté en parallèle par $nx \times ny$ threads, de sorte que chaque thread soit en charge de nz éléments de vecteur le long de l'axe z (un élément de chaque grille du problème). Donc, nous exploitons cette propriété de mise en œuvre dans la fonction de mise à jour des éléments du vecteur itéré. En effet, le calcul des nouvelles valeurs des éléments de vecteur dans la grille i utilise celles des éléments de vecteur calculées dans la grille $i - 1$. La figure 4.10 décrit les nouvelles mises en œuvre des kernels du solveur Richardson projetée, basées sur la méthode de numérotation rouge-noir.

Enfin, les architectures matérielle et logicielle des GPUs de la grappe de calcul permettent

```
/* Kernel de la multiplication matrice-vecteur */
__global__ void Multiplication_MV(..., double* U, double* Y)
{ //Charger dans des registres les coefficients de la matrice:
  //centre, ouest, est et avant
  ...
  for(int tz=0; tz<nz; tz++){
    if((tx<nx) && (ty<ny) && (tid<n)){
      double sum = centre * fetch_double(U, tid);
      if(tx != 0)    sum += ouest  * fetch_double(U, tid-1);
      if(tx != nx-1) sum += est     * fetch_double(U, tid+1);
      if(tz != nz-1) sum += avant   * fetch_double(U, tid+nx*ny);
      Y[tid] = sum;}
    tid += pas;}
}


/* Kernel de mise à jour */
__global__ void Mise_A_Jour_Vecteur(..., int rn, double* G, double* Y, double* U)
{ //Charger dans des registres le coefficient de la matrice:
  //centre, sud, nord, arriere
  double valeur = 0.0;
  ...
  for(int tz=0; tz<nz; tz++){
    if((tx<nx) && (ty<ny) && (tid<n) && ((ty&1)==rn)){
      double var = G[tid] - Y[tid] - sud * fetch_double(U, tid-nx)
- nord * fetch_double(U, tid+nx);
      if(tz != 0) var -= avant * valeur; //utiliser l'élément de la grille précédente
      var = (var / centre) + fetch_double(U, tid);
      if(var < 0) var = 0; //projection
      U[tid] = valeur = var;}
    tid += pas;}
}


/* Fonction CPU*/
void Calculer_Nouveaux_Elements_Vecteur(double* A, double* G, double* U)
{ double *Y;
  int rouge=0; int noir=1;
  //Configurer l'exécution des kernels: Grille et Bloc
  //Charger le vecteur U dans la mémoire texture
  //Allouer un espace mémoire GPU pour le vecteur Y
  Multiplication_MV<<<Grille,Bloc>>>(..., U, Y);
  Mise_A_Jour_Vecteur<<<Grille,Bloc>>>(..., rouge, G, Y, U);
  Mise_A_Jour_Vecteur<<<Grille,Bloc>>>(..., noir, G, Y, U);
}
```

FIGURE 4.10 – Kernels GPU modifiés du solveur Richardson projetée

d'effectuer des exécutions simultanées entre les fonctions CPU et les kernels GPU. En fait, le lancement d'une exécution de kernel dans un programme CPU est asynchrone (lorsque cette variable d'environnement n'est pas désactivée dans le GPU). Ceci signifie que le contrôle d'exécution est rendu au processus CPU avant que l'exécution du kernel par le GPU soit terminée (voir [28]). Nous utilisons cette propriété des GPUs pour améliorer la mise en œuvre parallèle de la fonction *Calculer_Nouveaux_Elements_Vecteur()* (présentée dans la section 4.3.2). Par conséquent, chaque nœud de la grappe procède d'abord au calcul des éléments de vecteur locaux, $u(x, y, z)$ où $0 < y < ny - 1$ et $0 < z < nz - 1$, en exécutant les nouveaux kernels basés sur la méthode de numérotation rouge-noir (voir figure 4.10). Puis, il effectue des échanges de données (valeurs des points associés aux frontières) avec les nœuds voisins. Enfin, il calcule les nouvelles valeurs des éléments de vecteur associés aux frontières du sous-problème local. Dans ce cas, les calculs des éléments de vecteur locaux par les GPUs de la grappe sont effectués en parallèle avec les échanges de données entre les CPUs.

4.5.2 Expérimentations

Le tableau 4.4 illustre les temps d'exécution en secondes et le nombre de relaxations effectuées sur une grappe de 12 GPUs, par les algorithmes synchrone et asynchrone de la méthode Richardson projetée utilisant la numérotation rouge-noir. De plus, il présente les nouvelles valeurs du ratio τ_{max} défini ici comme : le rapport entre le temps d'exécution de la méthode de relaxation par blocs sur 24 cœurs CPU et celui de la méthode de Richardson projetée utilisant la numérotation rouge-noir sur 12 GPUs.

Méthode	Taille du pb.	Synchrone			Asynchrone		
		$Temps_{gpu}$	# relax.	τ_{max}	$Temps_{gpu}$	# relax.	τ_{max}
Rouge-noir	256^3	$18,37$	71.988	$7,48$	$12,58$	67.638	$10,47$
	512^3	$349,23$	271.188	$13,79$	$289,41$	246.036	$15,10$
	768^3	$2.773,65$	590.652	$14,87$	$2.222,22$	532.806	$16,73$
	800^3	$2.748,23$	638.916	$15,87$	$2.502,61$	592.525	$15,75$

TABLE 4.4 – Temps d'exécution en secondes du solveur parallèle Richardson projetée utilisant la numérotation rouge-noir sur une grappe de 12 GPUs

Nous pouvons remarquer que la méthode de numérotation rouge-noir permet au solveur Richardson projeté, synchrone et asynchrone, de réduire le nombre de relaxations par rapport à celui donné dans le tableau 4.2. Ceci signifie que le solveur Richardson projeté converge plus rapidement en utilisant la méthode de numérotation rouge-noir pour la mise à jour du vecteur itéré. En effet, cette méthode lui permet d'utiliser les valeurs des éléments de vecteur rouges récemment calculées pour mettre à jour celles des éléments de vecteur noirs. Par conséquent,

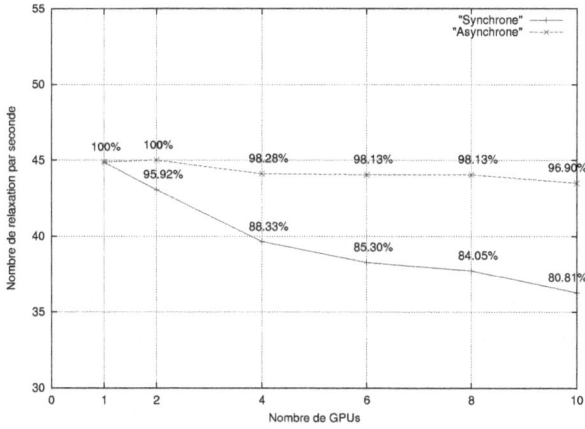

FIGURE 4.11 – Passage à l'échelle des algorithmes parallèles synchrone et asynchrone de la méthode Richardson rouge-noir projetée

nous pouvons remarquer que les temps d'exécution du solveur Richardson projeté présentés dans le tableau 4.4 sont diminués, en moyenne, de 32% par rapport à ceux présentés dans le tableau 4.2. Bien évidemment, les ratios τ_{max} sont aussi sensiblement meilleurs, comparés à ceux présentés dans le tableau 4.2. Ils montrent que la résolution des problèmes de l'obstacle avec la méthode Richardson projetée mise en œuvre sur la grappe GPU est jusqu'à 16 fois plus rapide (dans ces exemples) qu'avec la méthode de relaxation par blocs mise en œuvre sur la grappe CPU.

La figure 4.11 illustre le passage à l'échelle faible des algorithmes parallèles, synchrone et asynchrone, de la méthode Richardson projetée utilisant la technique de numérotation rouge-noir. Les tests expérimentaux sont réalisés sur une grappe de dix GPUs Tesla. Nous avons fixé la taille d'un sous-problème à 256^3 par nœud GPU (un cœur CPU et un GPU). Dans la figure 4.11, nous présentons le nombre de relaxations par seconde effectuées, en moyenne, par un nœud GPU. Nous pouvons remarquer que l'efficacité de l'algorithme asynchrone est plus ou moins stable, tandis que celle de l'algorithme synchrone diminue (jusqu'à 81% dans cet exemple) avec l'augmentation du nombre de nœuds GPU sur la grappe. Ceci est dû au fait que l'utilisation des GPUs permet de réduire le rapport entre le temps de calcul et celui de communications. En effet, la puissance de calcul des GPUs permet d'accélérer les calculs, ainsi de réduire les temps de calcul, alors que les temps de communications restent inchangés et deviennent importants. Dans ce contexte, les algorithmes asynchrones supportent mieux le passage à l'échelle que leurs homologues synchrones. Dans le cas des grappes GPU à grande échelle ou géographiquement distantes, les algorithmes synchrones peuvent être pénalisés par les communications. C'est pourquoi nous pensons que les algorithmes asynchrones seraient d'autant plus intéressants dans ce type de plateformes de calcul pour améliorer les temps d'exécution des méthodes itératives parallèles.

4.6 Conclusion

Dans ce chapitre, nous avons pour objectif d'exploiter la puissance de calcul d'une grappe GPU pour la résolution des problèmes de l'obstacle de grandes tailles qui interviennent, par exemple, dans la physique ou les mathématiques des finances. Pour cela, nous avons utilisé deux méthodes itératives, à savoir : la méthode Richardson projetée et celle de relaxation par blocs projetée, pour la résolution des systèmes non linéaires issus de la discrétisation spatiale d'un problème de l'obstacle.

Vu les grandes tailles des problèmes à résoudre, nous nous sommes intéressés, plus particulièrement, aux algorithmes parallèles synchrones et asynchrones des deux méthodes itératives sur une grappe GPU. Toutefois, leurs mises en œuvre diffèrent dans la façon dont les éléments du vecteur itéré sont calculés. En effet, le solveur Richardson projeté est basé sur les itérations par points de la méthode Jacobi, tandis que celui de relaxation par blocs projeté est basé sur les itérations par blocs de la méthode Gauss-Seidel. A cet effet, nous avons remarqué que le solveur Richardson projeté est, largement, plus performant que celui de relaxation par blocs projeté sur une grappe GPU, même s'il effectue plus de relaxations que ce dernier pour atteindre la convergence.

Par conséquent, nous pouvons conclure que les meilleures méthodes de résolution développées pour les grappes CPU ne sont pas forcément adaptées aux grappes GPU, car sur la grappe CPU de tests le solveur de relaxation par blocs projeté a été plus performant que celui de Richardson projeté. En effet, les itérations par blocs et les mises à jour de la méthode Gauss-Seidel assurent aux solveurs itératifs une convergence rapide sur une grappe CPU mais elles sont difficiles à mettre en œuvre sur des GPUs. Par contre, les itérations par points et les mises à jour de la méthode Jacobi permettent de bien exploiter les ressources GPUs et, ainsi, une résolution rapide des problèmes de l'obstacle sur une grappe GPU, même si leur taux de convergence est faible par rapport à celui des itérations Gauss-Seidel par blocs.

Ensuite, nous avons utilisé une technique de numérotation rouge-noir dans la mise en œuvre des algorithmes synchrone et asynchrone de la méthode Richardson projetée sur une grappe GPU. Cette technique permet à ces solveurs parallèles de réduire le nombre de relaxations nécessaires pour atteindre la convergence et, ainsi, d'accélérer leurs exécutions sur une grappe GPU. En fait, elle est appliquée au processus de mise à jour du vecteur itéré de telle façon qu'à chaque itération, les valeurs des éléments de vecteur rouges récemment calculées sont utilisées pour mettre à jour celles des éléments de vecteur noirs puis vice-versa. Par conséquent, nous avons remarqué que l'utilisation de cette technique de mise à jour a permis aux solveurs parallèles de la méthode Richardson projetée d'améliorer leurs temps d'exécution en moyenne de 32% sur une grappe de 12 GPUs ce qui n'est pas négligeable.

Enfin, les tests d'expérimentation, effectués sur les deux grappes CPU et GPU, ont montré que les algorithmes parallèles asynchrones des deux méthodes sont plus performants que leurs homologues synchrones. Plus précisément, nous avons montré que l'utilisation des GPUs permet de réduire le ratio entre le temps de calcul et celui de communications. Ceci grâce à la puissance de calcul des GPUs qui permet de réduire les temps de calcul. Néanmoins, cette performance n'est pas si évidente car la grappe de tests utilisée est composée de nœuds de calcul homogènes interconnectés par des liens de communication à faible latence. Par ailleurs, les algorithmes asynchrones seraient plus performants sur des grappes géographiquement distantes et à ressources hétérogènes.

Chapitre 5

Méthodes parallèles à deux niveaux sur grappes GPU

A ctuellement, la majorité des algorithmes parallèles sont basés sur des calculs à grains fins. Ils exigent d'échanger fréquemment des données entre les nœuds d'une plateforme de calcul parallèle. Cependant, dans une architecture distribuée composée de nœuds géographiquement distants et interconnectés par un réseau à haute latence, les transferts de données sont extrêmement pénalisants. Il est donc impératif de concevoir des algorithmes à gros grains pour remplacer ceux à grains fins qui ne sont pas adaptés à ce type d'architectures.

L'une des approches permettant de construire des algorithmes à gros grains est celle dite de multi-décomposition. Son objectif est de combiner la performance des méthodes synchrones dans un contexte local et la souplesse des méthodes asynchrones entre sites géographiquement distants. Les méthodes de multi-décomposition utilisent des algorithmes synchrones pour résoudre localement les sous-problèmes issus de la multi-décomposition et des algorithmes asynchrones pour résoudre la globalité du problème.

Dans ce chapitre, nous nous intéressons aux méthodes de multi-décomposition à deux niveaux pour la résolution de systèmes linéaires creux. Dans la section 5.1, nous décrivons le principe général des méthodes de multi-décomposition. Puis, dans la section 5.2, nous présentons un algorithme parallèle à deux niveaux utilisant la méthode itérative GMRES. Enfin, dans la section 5.3, nous donnons quelques résultats expérimentaux obtenus sur une grappe de GPUs.

5.1 Méthodes de multi-décomposition

Soit le système de n équations linéaires de grande taille (n est un grand entier naturel) :

$$Ax = b, \tag{5.1}$$

130

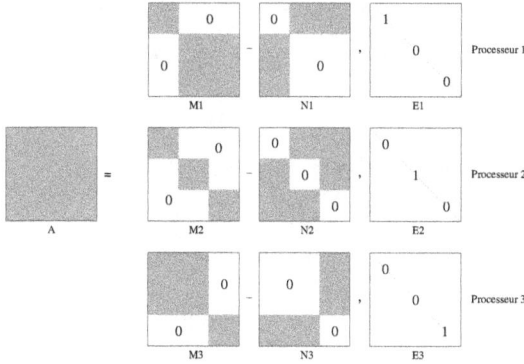

FIGURE 5.1 – Exemple de multi-décomposition sans recouvrement entre trois processeurs.

à résoudre sur un calculateur parallèle composé de L processeurs, physiquement adjacents ou géographiquement distants, tels que $A \in \mathbb{R}^{n \times n}$ est une matrice carrée inversible, $x \in \mathbb{R}^n$ est le vecteur solution et $b \in \mathbb{R}^n$ est le vecteur second membre.

Les méthodes de multi-décomposition pour la résolution de systèmes linéaires (ou non li-néaires) sont initialement introduites par O'Leary et White [65, 78] puis, elles ont également été étudiées par de nombreux auteurs par exemple [39], [40], [49], [10], [50] et [19]. Le principe de ces méthodes consiste à partitionner la matrice A en L sous-matrices rectangulaires de fa-çon à ce que chaque processeur soit en charge d'une sous-matrice et des sous-vecteurs x et b correspondants. La multi-décomposition de la matrice A peut être définie comme un ensemble de L triplets (M_l, N_l, E_l) où $l \in \{1, \ldots, L\}$:

— $A = M_l - N_l$, où M_l est une matrice inversible et,

— $\sum_l E_l = I$, où E_l sont des matrices de pondération diagonales et non négatives ($E_l > 0$) et I est la matrice identité.

La figure 5.1 montre un exemple de multi-décomposition sans recouvrement d'une matrice A entre trois processeurs. Dans cette figure, les matrices de pondérations E_l sont des matrices diagonales contenant la valeur 1 sur le bloc E_{ll} ou 0 sinon, ce qui permet d'avoir une multi-décomposition sans recouvrement. L'algorithme 5.1 définit les principaux points clés d'une méthode de résolution utilisant une méthode de multi-décomposition de la matrice A.

Les méthodes de multi-décomposition sont définies comme une généralisation des méthodes Jacobi par blocs [76, 79] où la matrice A est partitionnée en L blocs sans recouvrement et les matrices de pondération E_l, $l \in \{1, \ldots, L\}$, forment des blocs diagonaux de la matrice identité I (voir figure 5.1). Elles incluent également les méthodes analogues discrètes des méthodes de Schwarz [55, 41, 68, 9].

Dans la version parallèle de l'algorithme 5.1, chaque système linéaire $y_l = M_l^{-1} x_k + M_l^{-1} b$

Algorithm 5.1: Algorithme de la méthode de multi-décomposition

---

Entrées: M_l (matrices), N_l (matrices), E_l (matrices), x_0 (solution initiale), b (vecteur
    second membre)

Sorties: x (vecteur)

1 **pour** $k = 0, 1, \ldots,$ *jusqu'à la convergence* **faire**
2   **pour** $l = 1$ a L **faire**
3       $y_l \leftarrow M_l^{-1} N_l x_k + M_l^{-1} b$;
4   **fin**
5     $x_{k+1} \leftarrow \sum_l E_l y_l$;
6 **fin**

(ligne 3 de l'algorithme), où $l \in \{1, \ldots, L\}$ et $k \in \mathbb{N}$, est résolu dans le cas le plus simple
en séquentiel par un seul processeur. Ensuite, à la fin de chaque itération k, les processeurs
échangent avec leurs voisins respectifs leurs données de dépendances nécessaires pour la mise
à jour du vecteur itéré x (ligne 5 de l'algorithme). La convergence des méthodes de multi-
décomposition, synchrones et asynchrones, a été étudiée par de nombreux auteurs, par exemple
dans [65, 10, 9]. Une méthode de multi-décomposition est dite convergente :

— dans le cas synchrone, quand $A^{-1} > 0$ et la multi-décomposition de la matrice A est
  faiblement régulière ($M^{-1} \geq 0$ et $M^{-1}N \geq 0$),

— dans le cas asynchrone, quand la matrice A est une M-matrice et sa multi-décomposition
  est régulière ($M^{-1} \geq 0$ et $N \geq 0$).

La résolution des L systèmes linéaires issus de l'opération de multi-décomposition peut être
exacte ou approchée en utilisant, respectivement, une méthode directe ou itérative. Cependant,
les méthodes de multi-décomposition utilisant des méthodes de résolution itératives sont dites
des méthodes *à deux niveaux* ou *à itérations internes-externes*. La convergence des algorithmes
synchrones et asynchrones de ces méthodes, pour la résolution de systèmes linéaires, a été
étudiée dans de nombreux travaux, par exemple dans [49], [19], [50] et [9].

5.2   Méthode à deux niveaux avec GMRES

Dans cette section, nous nous intéressons à la résolution de systèmes linéaires creux par
une méthode de multi-décomposition à deux niveaux. Pour cela, nous proposons des mises
en œuvre CPU et GPU des algorithmes à deux niveaux, synchrones et asynchrones, utilisant
la méthode itérative GMRES pour la résolution des sous-systèmes linéaires issus de la multi-
décomposition. De plus, à la différence de ce qui est mentionné dans la section 5.1, la résolution

de chaque sous-système linéaire est effectuée en parallèle par un ensemble de processeurs.

5.2.1 Formalisme mathématique

Nous appliquons la méthode de multi-décomposition Jacobi par blocs (multi-décomposition sans recouvrement) sur la matrice creuse A du système linéaire à résoudre (5.1). Soient n la taille du système linéaire creux et L le nombre de calculateurs parallèles (chacun composé d'un ou plusieurs processeurs). La multi-décomposition du système linéaire est définie comme suit :

$$\begin{cases} A & = & [A_1, \ldots, A_L], \quad A \in \mathbb{R}^{n \times n}, \\ x & = & [X_1, \ldots, X_L], \quad x \in \mathbb{R}^n, \\ b & = & [B_1, \ldots, B_L], \quad b \in \mathbb{R}^n, \end{cases} \tag{5.2}$$

où, pour tout $l \in \{1, \ldots, L\}$, A_l est un bloc rectangulaire de taille $(n_l \times n)$ et X_l et B_l sont des blocs de vecteurs de taille n_l, tel que $\sum_l n_l = n$. Dans ce cas, nous utilisons un partitionnement de données ligne par ligne sans recouvrement, de façon à ce que des lignes successives de la matrice creuse A et des deux vecteurs x et b soient attribuées à un calculateur parallèle. Donc, le format par blocs du système linéaire (5.1) peut être défini comme suit :

$$\forall l \in \{1, \ldots, L\}, \; \sum_{i=1}^{l-1} A_{li} X_i + A_{ll} X_l + \sum_{i=l+1}^{L} A_{li} X_i = B_l, \tag{5.3}$$

où A_{li} est un bloc de taille $(n_l \times n_i)$ de la matrice rectangulaire A_l, $X_i \neq X_l$ est un sous-vecteur de taille n_i du vecteur solution x et $\sum_{i<l} n_i + \sum_{i>l} n_i + n_l = n$, pour tout $l \in \{1, \ldots, L\}$ et $i \in \{1, \ldots, l-1, l+1, \ldots, L\}$. Par conséquent, chacun des L calculateurs parallèles est responsable de la résolution du système linéaire creux suivant :

$$\begin{cases} A_{ll} X_l = Y_l, \text{ tel que} \\ Y_l = B_l - \sum_{i=1, i\neq l}^{L} A_{li} X_i, \end{cases} \tag{5.4}$$

où X_i, $i \in \{1, \ldots, L\}$ et $i \neq l$, représentent les dépendances de données entre le calculateur parallèle l et ses voisins.

5.2.2 Mise en œuvre parallèle

La résolution parallèle du système linéaire par blocs (5.4), pour tout $l \in \{1, \ldots, L\}$, est effectuée par une méthode à deux niveaux utilisant la méthode itérative de Krylov GMRES. En effet, chaque système linéaire issu de la multi-décomposition est résolu en parallèle avec la méthode GMRES par l'ensemble des processeurs d'un calculateur parallèle. Avant de commencer la résolution, les données de chaque système linéaire l sont partitionnées entre les processeurs du calculateur parallèle comme suit :

— $(A_{li})_j$ un bloc rectangulaire de taille $(\frac{n_l}{p} \times n_i)$ de la matrice A_{li}, pour tout $i \in \{1, \ldots, L\}$,

— $(X_l)_j$ un sous-vecteur solution de taille $\frac{n_l}{p}$,

— $(B_l)_j$ un sous-vecteur second membre de taille $\frac{n_l}{p}$.

où $j \in \{1, \ldots, p\}$ et p est le nombre de processeurs sur le calculateur parallèle l.

Dans l'algorithme 5.2, nous décrivons les principaux points clés de la méthode à deux niveaux avec GMRES. Cet algorithme est exécuté en parallèle par tous les processeurs des L calculateurs parallèles. Tout d'abord, chaque processeur calcule le vecteur second membre Y du système linéaire locale à résoudre (ligne 6 de l'algorithme 5.2) en fonction du sous-vecteur local B, des blocs de matrice hors diagonaux $A_{offdiag}$ et le sous-vecteur X_{extern} partagé avec les processeurs des calculateurs parallèles distants (voir la formule (5.4)), tels que pour tout $i \in \{1, \ldots, L\}$ et $i \neq l$:

$$\begin{cases} B \in \mathbb{R}^{\frac{n_l}{p}}, \\ A_{offdiag} = [A_{li}], \quad A_{li} \in \mathbb{R}^{\frac{n_l}{p} \times n_i}, \\ X_{extern} = [X_i], \quad X_i \in \mathbb{R}^{\frac{n_l}{p}}. \end{cases}$$

Ensuite, chaque calculateur parallèle l procède à la résolution itérative de son sous-système linéaire creux local $A_{ll}X_l = Y_l$ (ligne 7), issu de l'opération de multi-décomposition, indépendamment de celles des autres sous-systèmes linéaires. Pour cela, l'ensemble des p processeurs d'un calculateur l exécutent l'algorithme parallèle de la méthode GMRES préconditionnée (voir section 3.3.1). Enfin, après chaque itération externe (ou à la fin de la résolution du système linéaire local), les p processeurs échangent les valeurs de leurs solutions locales X_{loc} avec les processeurs des calculateurs parallèles distants (ligne 8). Les échanges de données sont effectués par passage de messages en utilisant les routines de communication MPI non-bloquantes : `MPI_Isend()` pour les envois et `MPI_Irecv()` pour les réceptions. De plus, dans la version synchrone, nous utilisons la barrière de synchronisation `MPI_Waitall()`. Par contre, dans la version asynchrone, nous utilisons la routine `MPI_Test()` qui permet à un processeur de tester la terminaison de l'opération d'envoi ou de réception d'un message sans qu'il soit mis en état bloquant.

La convergence de l'algorithme 5.2 est calculée en fonction du nombre des itérations externes k et la valeur maximale de l'erreur absolue entre deux solutions X^k et X^{k+1} trouvées à des itérations successives k et $k + 1$:

$$Err = \|X^k - X^{k+1}\|_\infty.$$

Dans la version synchrone, la convergence globale est détectée lorsque l'erreur maximale, $MaxErr$, est suffisamment petite et/ou le nombre maximum des itérations externe est atteint :

$$\text{AllReduce}(err, MaxErr, \text{MAX})$$
$$\text{si } (MaxErr < \varepsilon_{extern}) \text{ ou } (k \geq MaxIter_{extern}) \text{ alors}$$
$$conv \leftarrow vrai$$

Algorithm 5.2: Algorithme de la méthode à deux niveaux avec GMRES préconditionnée

---

Entrées: A_{diag} (matrice diagonale),

$A_{offdiag}$ (matrice hors diagonale),

B (vecteur second membre),

X_{intern} (vecteur solution partagé au sein du même calculateur),

X_{extern} (vecteur solution partagé avec les calculateurs distants),

M (matrice de préconditionnement),

ε_{intern} (seuil de tolérance pour les itérations internes),

ε_{extern} (seuil de tolérance pour les itérations externes),

$MaxIter_{intern}$ (nombre maximum d'itérations internes),

$MaxIter_{extern}$ (nombre maximum d'itérations externes),

m (nombre d'itérations pour le processus d'Arnoldi)

Sorties: X_{loc} (vecteur solution local)

1 Initialiser les valeurs du vecteur X_{loc};

2 $conv \leftarrow faux$;

3 $k \leftarrow 0$;

4 **tant que** $\neg conv$ **faire**

5     $Z \leftarrow X_{loc}$;

6     $Y \leftarrow M^{-1}(B - A_{offdiag} \times X_{extern})$;

7   GMRES_Parallele(A_{diag}, Y, X_{loc}, X_{intern}, M, ε_{intern}, $MaxIter_{extern}$, m);

8   Echanger_Donnees_Externes(X_{loc}, X_{extern});

9     $Err \leftarrow \|Z - X_{loc}\|_{\infty}$;

10     $k \leftarrow k + 1$;

11     $conv \leftarrow$ Convergence(Err, ε_{extern}, k, $MaxIter_{extern}$);

12 **fin**

---

où la fonction AllReduce() est mise en œuvre avec la routine MPI de réduction `MPI_Allreduce()` qui permet de trouver la valeur maximale $MaxErr$ parmi toutes les valeurs Err calculées par les calculateurs parallèles. Par contre, dans la version asynchrone, la convergence globale est détectée lorsque les calculateurs parallèles ont tous convergé localement. En fait, un processeur maître est désigné sur chaque calculateur parallèle, par exemple le processeur de rang 1. De plus, tous les maîtres des L calculateurs parallèles sont reliés entre eux par une architecture en anneau fictive (voir figure 5.2). Ensuite, durant la résolution du système linéaire (5.1), un jeton de type booléen circule autour de cette architecture, dans une seule direction, d'un processeur maître à un autre, tant que la convergence globale n'est pas atteinte. Donc, en démarrant du processeur maître du calculateur 1, chaque processeur maître i met le jeton à vrai si la conver-

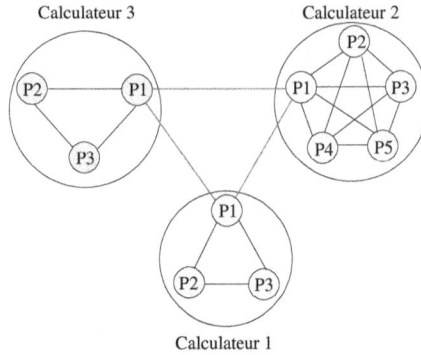

FIGURE 5.2 – Exemple de connexion de trois calculateurs parallèles.

gence locale est atteinte sinon à faux puis, il le transmet à son voisin $i+1$ dans l'anneau. Enfin, la convergence globale est détectée lorsque le processeur maître 1 reçoit de son voisin $L-1$ un jeton initialisé à vrai. Dans ce cas, le processeur maître 1 envoie un message d'arrêt à tous les processeurs maîtres des autres calculateurs.

Dans la version GPU de l'algorithme 5.2, nous utilisons la programmation parallèle hétérogène MPI/CUDA. Chaque sous-système linéaire est résolu par un calculateur parallèle en appliquant l'algorithme parallèle de la méthode GMRES adapté aux GPUs (voir section 3.3.1). De plus, nous utilisons les routines de la bibliothèque CUBLAS suivantes :

— `cublasDcopy()` pour des copies mémoires dans la mémoire globale GPU,

— `cublaSetVector()` et `cublasGetVector()` pour les transferts de données entre de la mémoire CPU et la mémoire GPU.

5.2.3 Expérimentations

Les tests de performances ont été effectués sur une grappe de dix Quad-Core Xeon E5530, chacun équipé de deux GPUs Tasla C1060. Nous avons utilisé la méthode à deux niveaux avec GMRES pour la résolution de systèmes linéaires creux de 25 millions de valeurs inconnues. Ces systèmes linéaires sont associés à des matrices creuses à cinq bandes présentées dans la section 3.3.3. Les paramètres de résolution sont initialisés comme suit : la matrice de préconditionnement M est équivalente à la diagonale principale de la matrice creuse A, les seuils de tolérance pour les itérations internes et externes sont fixés, respectivement, à $\varepsilon_{intern} = 10^{-12}$ et $\varepsilon_{extern} = 10^{-12}$, le nombre maximum des itérations internes et celui des itérations externes sont, respectivement, $MaxIter_{intern} = 3$ et $MaxIter_{extern} = 500$, le processus d'Arnoldi est limité à $m = 2$ itérations, les vecteurs solution et second membre sont initialisés, respectivement, à 0 et 1.

| Matrice | GMRES | | | Méthode à deux niveaux avec GMRES | | | | | | | |
| | | | | Synchrone | | | | Asynchrone | | | |
	T	iter.	Archi.	T_{sync}	iter.	Δ_{sync}	G_{sync}	T_{async}	iter.	Δ_{async}	G_{async}
cage9	$3,173s$	27	2×5	$3,080s$	19	2e-13	$1,03$	$2,030s$	23	2e-13	$\mathbf{1,56}$
			5×2	$3,872s$	24	3e-13	$0,82$	$2,563s$	43	6e-13	$1,24$
			10×1	$4,133s$	26	1e-12	$0,77$	$3,784s$	65	3e-13	$0,84$
cage13	$3,701s$	26	2×5	$4,028s$	19	1e-12	$0,92$	$2,820s$	22	7e-13	$\mathbf{1,31}$
			5×2	$4,391s$	22	1e-12	$0,84$	$3,348s$	36	1e-12	$1,10$
			10×1	$4,307s$	22	1e-12	$0,85$	$7,404s$	71	7e-13	$0,50$
ecology2	$2,579s$	21	2×5	$2,131s$	13	5e-13	$1,21$	$1,651s$	24	3e-13	$\mathbf{1,56}$
			5×2	$2,366s$	15	7e-13	$1,10$	$1,736s$	23	9e-13	$1,48$
			10×1	$2,357s$	15	7e-13	$1,09$	$2,392s$	43	2e-13	$1,08$
shallow water2	$1,878s$	17	2×5	$0,804s$	3	1e-12	$2,33$	$0,800s$	9	1e-12	$\mathbf{2,35}$
			5×2	$0,803s$	3	1e-12	$2,34$	$1,004s$	10	8e-13	$1,87$
			10×1	$0,800s$	3	1e-12	$2,35$	$2,001s$	41	5e-12	$0,94$

TABLE 5.1 – Performances des algorithmes synchrone et asynchrone de la méthode à deux niveaux avec GMRES sur différentes architectures de grappes de GPUs

Le tableau 5.1 illustre les performances des algorithmes parallèles, synchrone et asynchrone, de la méthode de multi-décomposition avec GMRES. Les colonnes 2 et 3 montrent, respectivement, le temps d'exécution en secondes T et le nombre d'itérations effectués par la méthode parallèle GMRES exécutée sur une grappe de dix GPUs. La colonne 4 définit l'architecture $(x \times y)$ de la plateforme parallèle de calcul sur laquelle est exécutée la méthode à deux niveaux. En effet, x représente le nombre de grappes (calculateurs parallèles) et y représente le nombre de GPUs par grappe. Pour chaque version parallèle, synchrone et asynchrone, nous donnons le temps d'exécution en secondes (T_{sync} et T_{async}), le nombre des itérations externes (iter), la différence entre la solution calculée avec la méthode parallèle GMRES et celle calculée avec la méthode à deux niveaux (Δ_{sync} et Δ_{async}) et les gains relatifs obtenus par rapport à la méthode parallèle GMRES (G_{sync} et G_{async}) :

$$\Delta_{sync} = max|X - X_{sync}| \quad \text{et} \quad \Delta_{async} = max|X - X_{async}|,$$
$$G_{sync} = \frac{T}{T_{sync}} \quad \text{et} \quad G_{async} = \frac{T}{T_{async}},$$

où X est la solution calculée par l'algorithme parallèle de la méthode GMRES et X_{sync} et X_{async} sont, respectivement, les solutions calculées par les algorithmes parallèles synchrone et asynchrone de la méthode à deux niveaux avec GMRES.

Dans les différents cas de figure présentés dans le tableau 5.1, l'architecture 2×5 (deux grappes de cinq GPUs chacune) est la meilleure configuration pour l'exécution de la méthode à deux niveaux avec GMRES. En fait, la multi-décomposition du système linéaire sur plusieurs grappes augmente le rayon spectral de la matrice associée, ce qui ralentit la convergence. De plus, nous pouvons remarquer que l'algorithme en mode asynchrone de la méthode à deux niveaux est sensiblement plus performant que celui en mode synchrone ainsi que celui de la méthode GMRES adapté aux grappes GPUs. En effet, la puissance de calcul des GPUs grappe permet de réduire les temps de calcul des algorithmes parallèles et, ainsi, le rapport entre le temps de calcul et celui de communications. Dans ce cas, les algorithmes à itérations synchrones sont pénalisés par les coûts de communications. Donc, les itérations asynchrones peuvent être une solution pour améliorer les temps d'exécution des algorithmes itératifs parallèles, surtout sur des grappes GPUs à grande échelle et/ou géographiquement distantes.

5.3 Conclusion

Dans ce chapitre, nous nous sommes intéressés aux méthodes parallèles de multi-décomposition pour la résolution de systèmes linéaires creux de grandes tailles. Ces méthodes sont destinées aux plateformes de calcul parallèle distribuées. Elles sont basées sur les calculs à gros grains qui permettent de remédier aux coûts des communications à haute latence entre nœuds de calcul géographiquement distants.

Nous avons présenté une méthode de multi-décomposition à deux niveaux utilisant la méthode itérative GMRES. Nous avons mis en œuvre les algorithmes synchrone et asynchrone de cette méthode itérative sur une grappe de dix GPUs. Ceci nous a permis de remarquer, pour les différents exemples étudiés, que la version asynchrone est sensiblement meilleure que la version synchrone et que l'algorithme parallèle de la méthode GMRES adapté aux grappes GPUs. En effet, la multi-décomposition du système linéaire de grande taille en sous-systèmes de petites tailles permet de diminuer le rayon spectral de la matrice associée. De plus, la puissance de calcul des GPUs permet de réduire le rapport entre le temps de calcul et celui de communication, ce qui est un facteur favorisant pour l'utilisation des itérations asynchrones (voir section 2.3.3).

De plus, nous avons testé les performances de la méthode à deux niveaux avec GMRES sur des petites grappes GPU locales. Pour cette raison, nous n'avons pas pu avoir des gains relatifs plus significatifs par rapport à la méthode GMRES adaptée aux grappes GPUs. Prochainement, nous prévoyons de réaliser des tests expérimentaux à grande échelle sur des grappes CPU géographiquement distantes de la grille expérimentale Grid'5000, et sur le supercalculateur hypride CURIE du Très Grand Centre de Calcul (TGCC) de la CEA composé de plusieurs GPUs (288 nVIDIA M2090). Dans ce contexte, nous pensons que la méthode à deux niveaux sera plus rapide et supportera mieux le passage à l'échelle. Par ailleurs, nous étudierons aussi les méthodes de multi-décomposition avec recouvrement de données entre les processeurs dans le but d'accélérer la convergence. Dans ce cas, la matrice associée au système linéaire creux à résoudre sera décomposée en sous-matrices rectangulaires non disjointes. Ensuite, le principe sera de calculer simultanément certaines composantes de vecteur par les processeurs et de mixer les résultats afin d'obtenir une solution précise plus rapidement.

Conclusion et perspectives

D ANS cette thèse, nous nous sommes intéressés à l'exploitation de la puissance de calcul des grappes GPU pour la résolution de systèmes linéaires et non linéaires creux de très grandes tailles. Nous avons conçu des algorithmes itératifs parallèles tirant partie de la capacité de calcul des GPUs, en tenant compte des propriétés des matrices creuses et des spécificités de l'architecture matérielle et logicielle des GPUs. Nous avons utilisé une programmation parallèle hétérogène basée sur le langage de programmation CUDA pour les GPUs et le standard de communication MPI. En effet, les GPUs sont dotés d'une architecture massivement parallèle dont la programmation est différente de celle des processeurs classiques CPUs. Dans notre cas, un système linéaire ou non linéaire creux de très grande taille est résolu itérativement en parallèle par l'ensemble des nœuds d'une grappe GPU. Ceci signifie que la mise en œuvre d'une méthode itérative sur une grappe GPU impose la parallélisation de son algorithme et la gestion des interactions entre les différents nœuds GPU de la grappe. La plupart des opérations parallèles de l'algorithme itératif sont réécrites en CUDA et exécutées par les GPUs, tandis que la synchronisation des calculs locaux des différents nœuds est assurée par les CPUs via les routines de communications MPI. Ainsi, nous avons deux niveaux de parallélisme : parallélisation MPI entre les différents nœuds GPUs de la grappe et calcul multithreadé avec CUDA à l'intérieur de chaque nœud.

Nos contributions de recherche, dans cette thèse, ont été présentées dans les chapitres suivants.

Dans le **Chapitre 3**, nous avons présenté les mises œuvre des algorithmes parallèles des méthodes itératives de Krylov CG et GMRES, pour la résolution de systèmes linéaires creux de très grandes tailles. Les tests d'expérimentation réalisés dans cette thèse ont montré qu'une grappe de GPUs est plus performante qu'une grappe de CPUs pour la résolution de systèmes linéaires creux de plusieurs millions d'inconnues. Cependant, elle est moins performante, voire inefficace, lorsque la résolution parallèle d'un système linéaire creux nécessite un nombre important de communications entre les nœuds GPUs. Pour minimiser le coût de ces communications, nous avons réorganiser les colonnes de la matrice creuse au niveau de chaque nœud de façon à ce que les vecteurs de données partagées soient utilisés sous un format de stockage compressé. De plus, nous avons appliqué un partitionnement de données hypergraphe qui permet de découper la matrice creuse de façon à réduire au mieux les dépendances de données tout en équilibrant le volume de données échangées entre les GPUs de la grappe.

Dans le **Chapitre 4**, nous nous sommes intéressés à la résolution de systèmes non linéaires creux issus des problèmes de l'obstacle sur une grappe GPU. Nous avons utilisé les méthodes itératives Richardson et relaxation par blocs projetées. Pour chacune de ces méthodes, nous avons conçu deux algorithmes parallèles synchrone et asynchrone adaptés aux grappes GPUs. Les résultats expérimentaux obtenus sur une grappe GPU ont montré que la méthode Richardson projetée est, largement, plus performante que de la méthode de relaxation par blocs projetée. Par contre, ceux obtenus sur une grappe CPU ont montré le contraire. En effet, la méthode Richardson est très facile à paralléliser sur les GPUs mais converge lentement, tandis que la méthode de relaxation par blocs est caractérisée par une convergence rapide et une parallélisation innefficace sur GPUs, en raison des calculs qui ne sont pas adaptés à l'architecture des GPUs.

Afin d'améliorer la convergence de la méthode Richardson projetée, ainsi que ses performances de résolution, nous avons appliqué à ses algorithmes parallèles une technique de numérotation rouge-noir facile à mettre en œuvre sur les GPUs. Les tests de simulation effectués sur une grappe GPU ont montré que l'algorithme asynchrone de la méthode Richardson rouge-noir projetée supporte mieux le passage à l'échelle que son homologue synchrone. Ceci grâce à la puissance de calcul des GPUs qui permet de réduire le ratio entre le temps de calcul et celui de communication.

Dans le **Chapitre 5**, nous avons développé les algorithmes synchrone et asynchrone d'une méthode de multi-décomposition à deux niveaux, pour la résolution de systèmes linéaires creux de très grandes tailles sur des grappes GPUs distinctes. Nous avons utilisé une méthode de multi-décomposition sans recouvrement sur le système linéaire creux à résoudre et l'algorithme parallèle GMRES adapté aux GPUs au sein de chaque grappe GPU. Les tests expérimentaux ont montré que l'algorithme de multi-décomposition à deux niveaux asynchrone est plus performant que son homologue synchrone et que celui de la méthode parallèle GMRES exécutée sur une seule grappe GPU. Ceci est dû au fait que la puissance de calcul des GPUs permet de réduire le temps de calcul d'un algorithme parallèle, tandis que le temps de communications reste inchangé. Dans ce contexte, les algorithmes itératifs synchrones sont pénalisés par les coûts de communications.

Perspectives

Actuellement, les architectures matérielles et logicielles des GPUs sont en constante évolution. En effet, les constructeurs réussissent à concevoir des GPUs moins coûteux et de plus en plus performants, avec des puissances de calcul plus élevées et des consommations d'énergie réduites. De plus, grâce aux nouvelles versions du langage de programmation CUDA, l'adaptation des algorithmes parallèles aux architectures GPUs est devenue plus facile à réaliser. Toutes ces raisons encouragent l'utilisation des GPUs dans les différents domaines scientifiques et industriels.

Dans cette thèse, les tests expérimentaux ont été effectués sur les architectures GPUs Tesla ou Fermi. Il serait donc intéressant de tester les performances de nos algorithmes parallèles sur les nouvelles générations GPUs : Kepler et Maxwell sortie en 2012 et prévue pour 2014, respectivement. De plus, toutes les mises en œuvre de nos algorithmes itératifs ont été réalisées sur une grappe GPU locale. Notre principal axe de recherche pour les travaux futurs sera la résolution de systèmes linéaires et non linéaires creux de très grandes tailles sur des grappes GPUs à grande échelle ou géographiquement distantes. Dans ce contexte, la parallélisation d'un algorithme itératif nécessite un nombre important de communications de données entre les nœuds GPUs. Cependant, l'inconvénient majeur de ce type d'architectures parallèles est la haute latence de ses liens de communications. De plus, les grappes GPUs nécessitent, non seulement des communications entre les nœuds GPUs mais, aussi des communications parfois trop coûteuses entre un GPU et son hôte CPU dans un même nœud. Une communication entre deux nœuds GPUs engendre : une copie de données de la mémoire GPU vers la mémoire CPU au niveau du nœud source, un transfert de données entre les CPUs des deux nœuds et une copie de données de la mémoire CPU vers la mémoire GPU au niveau du nœud destinataire. Par conséquent, il serait impératif de concevoir des algorithmes itératifs synchrones et asynchrones efficaces, utilisant des méthodes de résolution qui leurs permettent de réduire les coûts de communications et le passage à l'échelle. Il serait aussi intéressant d'utiliser le système GPU-Direct que proposent les nouvelles versions CUDA (par exemple CUDA 5.0). Ce système permet à deux GPUs placés dans un même nœud ou dans deux nœuds distants de communiquer directement sans l'intervention CPU. Ceci permettrait, bien évidemment, l'amélioration des débits de transferts de données entre différents GPUs. Enfin, nous souhaiterions aussi étudier les performances de nos algorithmes parallèles sur des grappes de GPUs hétérogènes. En effet, la contrainte de l'hétérogénéité nécessite la gestion de l'asynchronisme et l'équilibrage de charge entre les nœuds GPUs selon leurs puissance de calcul et capacité mémoire.

Plusieurs pistes de recherche restent à explorer pour nos travaux présentés dans cette thèse.

Pour le **Chapitre 3** : la première perspective viserait à étudier le passage à l'échelle des algorithmes parallèles des méthodes itératives CG et GMRES sur des grappes GPUs distribuées. De plus, pour accélérer la convergence de ces algorithmes, nous avons utilisé un préconditionneur qui consiste à prendre pour matrice de préconditionnement la diagonale de la matrice creuse du système linéaire à résoudre. Ce type de préconditionneur est facile à mettre en œuvre sur les GPUs et donne de relativement bons résultats pour la plupart des matrices creuses pas très mal conditionnées. Dans les travaux futurs, nous utiliserions d'autres préconditionneurs pour les matrices creuses très mal conditionnées. Cependant, ceci reviendrait à utiliser des méthodes directes (par exemple la factorisation ILU) qui sont difficiles à mettre en œuvre sur les GPUs. Ce qui nous obligerait à trouver les bons préconditionneurs pour les systèmes linéaires creux de très grandes tailles et à adapter leurs algorithmes aux GPUs. Enfin, il serait intéressant d'étudier d'autres techniques de partitionnement selon les structures des matrices creuses et les architectures de calcul parallèle. Par exemple, nous pouvons utiliser un partitionnement hiérarchique sur des grappes GPUs distantes et/ou hétérogènes.

Pour le **Chapitre 4** : nous souhaiterions valider les performances et le passage à l'échelle de l'algorithme Richardson rouge-noir asynchrone sur des grappes GPUs géographiquement distantes et reliées par un réseau à haute latence. Dans ce contexte, l'utilisation des GPUs permettrait de réduire les temps de calcul de l'algorithme itératif parallèle, tandis que les temps de communications resteraient inchangés et deviendraient plus importants que les temps de calcul. Donc, les itérations asynchrones peuvent être une solution pour améliorer les performances de l'algorithme itératif parallèle. En outre, comme la puissance de calcul des GPUs augmente plus rapidement que celle des réseaux de communications, les algorithmes asynchrones seraient encore plus intéressants sur les grappes GPUs à grande échelle. Par ailleurs, il serait également intéressant d'étudier les performances des autres méthodes itératives, ainsi que la résolution de systèmes non linéaires creux des autres problèmes scientifiques ou industriels. Nous pourrions utiliser, par exemple, les méthodes de multi-décomposition, sans ou avec recouvrement, sur des grappes GPUs à grande échelle.

Pour le **Chapitre 5** : la principale perspective serait de valider les résultats de nos tests d'expérimentations sur des grappes de calcul géographiquement distantes, pour lesquelles les méthodes de multi-décomposition ont été conçues. Plus précisément, nous voudrions confirmer l'efficacité des algorithmes parallèles, synchrone et asynchrone, de la méthode de multi-décomposition à deux niveaux avec GMRES sur des grappes distantes par rapport à celui de GMRES parallèle. Dans le cas des grappes GPUs, nous souhaiterions montrer que la version asynchrone supporterait mieux le passage à l'échelle que son homologue synchrone. En outre, il serait intéressant d'étudier d'autres méthodes de multi-décomposition, particulièrement, celles avec recouvrement qui leurs permettrait d'améliorer leurs convergences. Enfin, il serait pertinent d'étudier les performances des algorithmes à deux niveaux utilisant d'autres méthodes itératives (autre que celle de GMRES) pour la résolution des sous-systèmes linéaires creux, issus de l'opération de multi-décomposition, au sein de chaque grappe GPU.

Publications

Journaux internationaux

[j1] Lilia Ziane Khodja, Ming Chau, Raphaël Couturier, Jacques M. Bahi, Pierre Spitéri. Parallel Solution of American Option Derivatives on GPU Clusters. *Computers & Mathematics with Applications*, 65(11) : 1830–1848 (2013), Elsevier.

Conférences internationales

[c1] Jacques M. Bahi, Raphaël Couturier, Lilia Ziane Khodja. Parallel Sparse Linear Solver GMRES for GPU Clusters with Compression of Exchanged Data. *Euro-Par Workshops*, (1) 2011 : 471–480, Springer, Bordeaux, France.

[c2] Jacques M. Bahi, Raphaël Couturier, Lilia Ziane Khodja. Parallel GMRES Implementation for Solving Sparse Linear Systems on GPU Clusters. *SpringSim (HPC)*, 2011 : 12–19, SCS/ACM, Boston, USA.

Chapitres de livres

[l1] Raphaël Couturier, Lilia Ziane Khodja. Solving Sparse Linear Systems with CG and GMRES Methods on a GPU and a GPU Cluster. *In Patterns for parallel programming on GPUs*, Frédéric Magoulès (Ed.), Saxe-Coburg Publications, February 2013. To appear.

[l2] Lilia Ziane Khodja, Raphaël Couturier, Jacques M. Bahi. Solving Sparse Linear Systems with GMRES and CG Methods on GPU clusters. *In Designing Scientific Applications on GPUs*, Raphaël Couturier (Ed.), Chapman and Hall/CRC, December 2013. To appear.

[l3] Lilia Ziane Khodja, Ming Chau, Raphaël Couturier, Jacques M. Bahi, Pierre Spitéri. Solving Sparse Nonlinear Systems of Obstacle Problems on GPU Clusters. *In Designing Scientific Applications on GPUs*, Raphaël Couturier (Ed.), Chapman and Hall/CRC, December 2013. To appear.

Bibliographie

[1] CUSP Library. http://code.google.com/p/cusp-library/.

[2] PHG - Parallel Hypergraph and Graph Partitioning with Zoltan. http://www.cs.sandia.gov/Zoltan/ug_html/ug_alg_phg.html.

[3] Portable, Extensible Toolkit for Scientific Computation : PETSc. http://www.mcs.anl.gov/petsc/.

[4] Zoltan : Parallel Partitioning, Load Balancing and Data-Management Services. User's Guide. http://www.cs.sandia.gov/Zoltan/ug_html/ug.html.

[5] P.R. Amestoy, I.S. Duff, and J.Y. L'Excellent. MUMPS MUltifrontal Massively Parallel Solver Version 2.0. 1998.

[6] W. Arnoldi. The Principle of Minimized Iteration in the Solution of the Matrix Eigenvalue Problem. *Quarterly of Applied Mathematics*, 9(17) :17–29, 1951.

[7] L. Badea, X.C. Tai, and J. Wang. Convergence Rate Analysis of a Multiplicative Schwarz Method for Variational Inequalities. *SIAM Journal on Numerical Analysis*, 41(3) :1052–1073, 2004.

[8] L. Badea and J. Wang. An Additive Schwarz Method for Variational Inequalities. *Mathematics of Computation*, 69(232) :1341–1354, 1999.

[9] J. M. Bahi, S. Contassot-Vivier, and R. Couturier. Parallel Iterative Algorithms : From Sequential to Grid Computing. *Chapman & Hall/CRC Numerical Analysis and Scientific Computing*, 2008.

[10] J.M. Bahi, J.-C. Miellou, and K. Rhofir. Asynchronous Multisplitting Methods for Nonlinear Fixed Point Problems. *Numerical Algorithms*, 15 :315–345, 1997.

[11] R. Barrett, M. Berry, T.F. Chan, J. Demmel, J.M. Donato, J. Dongarra, V. Eijkhout, R. Pozo, C. Romine, and H. Van Der Vorst. Templates for the Solution of Linear Systems : Building Blocks for Iterative Methods. 1994.

[12] G. Baudet. Asynchronous Iterative Methods for Multiprocessors. *Journal of the Association for Computing Machinery (ACM)*, 25(2) :226–244, 1978.

[13] C.G. Bell, W. Broadley, W. Wulf, A. Newel, C. Pierson, R. Reddy, and S. Rege. CMMP : The CMU Multi-Mini-Processor Computer. *Research Report CSTR-92-36, Department of Computer Science, University of Bristol*, 1971.

[14] N. Bell and M. Garland. Efficient Sparse Matrix-Vector Multiplication on CUDA. *NVIDIA Technical Report NVR-2008-004, NVIDIA Corporation*, 2008.

[15] D. Bertsekas and J. Tsitsiklis. Parallel and Distributed Computation : Numerical Methods. *Prentice Hall Englewood Cliffs N. J.*, 1989.

[16] A. Brandt. Multi-Level Adaptive Technique (MLAT) for Fast Numerical Solution to Boundary Value Problems. *In Henri Cabannes and Roger Temam, editors, Proceedings of the Third International Conference on Numerical Methods in Fluid Mechanics*, 18 :82–89,, 1973.

[17] A. Brant. Multigrid Techniques 1984 Guide with Applications to Fluid Dynamics. *Gesellschaft fuer Mathematik und Datenverarbeitung m.b.H. Bonn (GMD), St. Augustin*, 1984.

[18] W.L. Briggs. A Multigrid Tutorial. *Society for Industrial and Applied Mathematics*, 1987.

[19] R. Bru, V. Migallón, J. Penadés, and D.B. Szyld. Parallel, Synchronous and Asynchronous Two-Stage Multisplitting Methods. *Numer. Linear Algebra Appl.*, 3 :24–38, 1995.

[20] B. Carpenter, G. Fox, G. Zhang, and X. Li. A Draft Java Binding for MPI. 1997.

[21] U. Catalyurek and C. Aykanat. Hypergraph Partitioning Based Decomposition for Parallel Sparse Matrix-Vector Multiplication. *IEEE Transactions on Parallel and Distributed Systems*, 10(7) :673–693, 1999.

[22] U. Catalyurek and C. Aykanat. PaToH : Partitioning Tool for Hypergraphs. 1999.

[23] M. Chau, C. Couturier, J. Bahi, and P. Spiteri. Asynchronous Grid Computation for American Options Derivatives. *Advances in Engineering Software*, (0), 2012.

[24] M. Chau, R. Couturier, J.M. Bahi, and P. Spiteri. Parallel Solution of the Obstacle Problem in Grid Environments. *International Journal of High Performance Computing Applications*, 25(4) :488–495, 2011.

[25] D. Chazan and W. Miranker. Chaotic Relaxation. *Linear Algebra and its Applications*, 2 :199–222, 1969.

[26] Y. Chen, T.A. Davis, W.W. Hager, and S. Rajamanickam. Algorithm 887 : Cholmod, Supernodal Sparse Cholesky Factorization and Update/Downdate. *ACM Trans. Math. Softw.*, 35(3) :1–14, 2008.

[27] NVIDIA Corporation. CUDA Toolkit 4.2 CUBLAS Library. 2012. http: //developer.download.nvidia.com/compute/DevZone/docs/html/CUDALibraries/ doc/CUBLAS_Library.pdf.

[28] NVIDIA Corporation. NVIDIA CUDA C Programming Guide. *Version 4.2*, 2012. http://developer.download.nvidia.com/compute/DevZone/docs/html/C/doc/ CUDA_C_Programming_Guide.pdf.

[29] R. Couturier and F. Jézéquel. Solving Large Sparse Linear Systems in a Grid Environment Using Java. *PDSEC'10, 11-th IEEE Int. Workshop on Parallel and Distributed Scientific and Engineering Computing, joint to IPDPS'10, ACM/IEEE Int. Parallel and Distributed Processing Symposium, Atlanta, United States*, 2010.

[30] T. Davis and Y. Hu. The University of Florida Sparse Matrix Collection. 1997. http://www.cise.ufl.edu/research/sparse/matrices/list_by_id.html.

[31] T.A. Davis. Direct Methods for Sparse Linear Systems (Fundamentals of Algorithms 2). *Society for Industrial and Applied Mathematics*, 2006.

[32] T.A. Davis and I.S. Duff. A Combined Unifrontal/Multifrontal Method for Unsymmetric Sparse Matrices. *ACM Trans. Math. Softw.*, 25(1) :1–20, 1999.

[33] J.W. Demmel, S.C. Eisenstat, J.R. Gilbert, X.S. Li, and J.W.H. Liu. A Supernodal Approach to Sparse Partial Pivoting. *SIAM Journal on Matrix Analysis and Applications*, 20 :720–755, 1999.

[34] K.D. Devine, E.G. Boman, R.T. Heaphy, R.H Bisseling, and U.V. Catalyurek. Parallel Hypergraph Partitioning for Scientific Computing. *In Proceedings of the 20th international conference on Parallel and distributed processing, IPDPS'06*, page 124–124, 2006.

[35] I.S. Duff, A.M. Erisman, and J.K. Reid. Direct Methods for Sparse Matrices. *Oxford University Press, Inc.*, 1986.

[36] R.P. Fedorenko. A Relaxation Method for Solving Elliptic Difference Equations. *USSR Computational Math. and Math. Phys*, 1 :1092–1096, 1961.

[37] M.J. Flynn. Some Computer Organizations and their Effectiveness. *IEEE Transactions on Computers*, C-21(9) :948–960, 1972.

[38] MPI Forum. MPI : A Message Passing Interface. *In Proceedings of Supercomputing '93, IEEE CS Press, Portland*, pages 878–883, 1993.

[39] A. Frommer. Parallel Nonlinear Multisplitting Methods. *Numerische Mathematik*, 56 :269–282, 1989.

[40] A. Frommer and G. Mayer. On the Theory and Practice of Multisplitting Mehods in Parallel Computation. *Computing*, 49 :63–74, 1992.

[41] A. Frommer and H. Schwandt. A Unified Representation and Theory of Algebraic Additive Schwarz and Multisplitting Methods. *SIAM Journal on Matrix Analysis and Applications*, 18, 1997.

[42] E. Gabriel, G.E. Fagg, G. Bosilca, T. Angskun, J.J. Dongarra, J.M. Squyres, V. Sahay, P. Kambadur, B. Barrett, A. Lumsdaine, R.H. Castain, D.J. Daniel, R.L. Graham, and T.S. Woodall. Open MPI : Goals, Concept, and Design of a Next Generation MPI Implementation. *Proceedings, 11th European PVM/MPI Users'Group Meeting*, pages 97–104, 2004.

[43] L. Giraud and P. Spiteri. Résolution Parallèle de Problèmes aux Limites non Linéaires. *M2 AN*, 25 :579–606, 1991.

[44] R. Glowinski, J.L. Lions, and R. Tremolieres. Analyse Numérique des Inéquations Variationnelles. *Dunod, tome 1 and 2*, 1976.

[45] W. Gropp, S. Huss-Lederman, A. Lumsdaine, E.L. Lusk, B. Nitzberg, W. Saphir, and M. Snir. MPI : The Complete Reference (Vol. 2) - The MPI-2 Extensions. *MIT Press*, 1998. ISBN 0-262-57123-4.

[46] W. Handler. Innovative Computer Architecture - How to Increase Parallelism but not Complexity. *Parallel Processing Systems, An Advanced course, Evans DJ ed, Cambridge University Press*, 1982.

[47] M.R. Hestenes and E. Stiefel. Methods of Conjugate Gradients for Solving Linear Systems. *Journal of Research of the National Bureau of Standards*, 49(6) :409–436, 1952.

[48] R.W. Hockney and C.R. Jesshope. Parallel Computers 2. *Adam Hilger/IOP Publishing, Bristol*, 1988.

[49] M. Jones and D.B. Szyld. Two-Stage and Multisplitting Methods for the Solution of Linear Systems. *SIAM J. Matrix Anal. Appl.*, 13 :671–679, 1992.

[50] M. Jones and D.B. Szyld. Two-Stage Multisplitting Methods with Overlapping Blocks. *Numer. Linear Algebra Appl.*, 3 :113–124, 1996.

[51] G. Karypis and V. Kumar. hMETIS : A Hypergraph Partitioning Package. 1998.

[52] Y.A. Kuznetsov, P. Neittaanmaki, and P. Tarvainen. Block Relaxation Methods for Algebraic Obstacle Problems with M-matrices. *East-West Journal of Numerical Mathematics*, 4 :69–82, 1996.

[53] X. Leroy. OCamlMPI : Interface with the MPI Message Passing Interface. `http://pauillac.inria.fr/~xleroy/software.html#ocamlmpi`.

[54] C. Li, J. Zeng, and S. Zhou. Convergence Analysis of Generalized Schwarz Algorithms for Solving Obstacle Problems with t-monotone Operator. *Computers-mathematics*, 48 :373–386, 2004.

[55] P.L. Lions. On the Schwarz Alternating Method I. *In First international symposium on domain decompostion methods for partial differential equations*, 1988. R. Glowinski et al. eds.

[56] E. Lusk, N. Doss, and A. Skjellum. A High-Performance, Portable Implementation of the MPI Message Passing Interface Standard. *Parallel Computing*, 22(6) :789–828, 1996.

[57] J.-C. Miellou. Algorithmes de Relaxation Chaotique à Retards. *RAIRO Analyse numérique R1*, pages 55–82, 1975.

[58] J.-C. Miellou. Asynchronous Iterations and Order Intervals. *parallel algorithms, (M. Cosnard et al. eds) Amsterdam : North-Holland*, pages 85–96, 1986.

[59] J.-C. Miellou, D. El Baz, and P. Spiteri. A New Class of Asynchronous Iterative Algorithms with Order Interval. *Mathematics of Computation*, 67(221) :237–255, 1998.

[60] J.-C. Miellou and P. Spiteri. Itèrations Asynchrones avec Segments d'Ordre. *Contrat ATP-CNRS, Méthodes numériques performantes*, 1984.

[61] J.-C. Miellou and P. Spiteri. Two Criteria for the Convergence of Asynchronous Iterations. *in Computers and computing, P. Chenin et al. ed., Wiley Masson*, pages 91–95, 1985.

[62] J.-C. Miellou and P. Spiteri. Un Critère de Cconvergence pour des Mèthodes Générales de Point Fixe. *M2AN*, 19 :645–669, 1985.

[63] P. Miller. pyMPI - an Introduction to Parallel Python using MPI. 2002. https:// computing.llnl.gov/code/pdf/pyMPI.pdf.

[64] L. Miranian and M. Gu. Strong Rank Revealing LU Factorizations. *Linear Algebra and its Applications*, 367(0) :1–16, 2003.

[65] D.P. O'Leary and R.E. White. Multi-Splittings of Matrices and Parallel Solution of Linear Systems. *SIAM Journal on Algebraic and Discrete Methods*, 6 :630–640, 1985.

[66] C.C. Paige and M.A. Saunders. Solution of Sparse Indefinite Systems of Linear Equations. *SIAM Journal on Numerical Analysis*, 12(4) :617–629, 1975.

[67] S. Raina. Virtual Shared Memory : A Survey of Techniques and Systems. *Research Report CSTR-92-36, Department of Computer Science, University of Bristol*, 1992.

[68] Y. Saad. Iterative Methods for Sparse Linear Systems. *Society for Industrial and Applied Mathematics, 2nd edition*, 2003.

[69] Y. Saad and M.H. Schultz. GMRES : A Generalized Minimal Residual Algorithm for Solving Nonsymmetric Linear Systems. *SIAM Journal on Scientific and Statistical Computing*, 7(3) :856–869, 1986.

[70] R.W. Shonkwiler and L. Lefton. Direct Methods for Linear Systems and LU Decomposition. *Cambridge University Press*, 2006.

[71] S. Ta'asan. Introduction to Shape Design and Control; Theoretical Tools for Problem Setup; Infinite Dimensional Preconditioners for Optimal Design. *In : Inverse Design and Optimisation Methods*, 1997.

[72] X.C. Tai. Convergence Rate Analysis of Domain Decomposition Methods for Obstacle Problems. *East-West Journal of Numerical Mathematics*, 9(3) :233–252, 2001.

[73] X.C. Tai. Rate of Convergence for Some Constraint Decomposition Methods for Nonlinear Variational Inequalities. *Numerische Mathematik*, 93 :755–786, 2003.

[74] X.C. Tai and P. Tseng. Convergence Rate Analysis of an Asynchronous Space Decomposition Method for Convex Minimization. *Mathematics of Computation*, 71(239) :1105–1135, 2002.

[75] U. Trottenberg, C.W. Oosterlee, and A. Schüller. Multigrid. *Academic Press*, 2001.

[76] R.S. Varga. Matrix Iterative Analysis. *Prentice-Hall, Englewood Cliffs*, 1962. New Jersey.

[77] D. Veselin. Multigrid for Solving Differential Equations. *Ferien Akedemie*, 2005.

[78] R.E. White. Parallel Algorithms for Nonlinear Problems. *SIAM J. on Algebraic and Discrete Methods*, 7(1) :137–149, 1986.

[79] D.M. Young. Interative Solution of Large Linear Systems. *Academic Press*, 1971. New York.

MoreBooks!
publishing

mb!

yes

Oui, je veux morebooks!

i want morebooks!

Buy your books fast and straightforward online - at one of world's fastest growing online book stores! Environmentally sound due to Print-on-Demand technologies.

Buy your books online at

www.get-morebooks.com

Achetez vos livres en ligne, vite et bien, sur l'une des librairies en ligne les plus performantes au monde!
En protégeant nos ressources et notre environnement grâce à l'impression à la demande.

La librairie en ligne pour acheter plus vite

www.morebooks.fr

VSG VDM Verlagsservicegesellschaft mbH
Heinrich-Böcking-Str. 6-8   Telefon: +49 681 3720 174   info@vdm-vsg.de
D - 66121 Saarbrücken   Telefax: +49 681 3720 1749   www.vdm-vsg.de

.

www.ingramcontent.com/pod-product-compliance
Lightning Source LLC
Chambersburg PA
CBHW021100210326
41598CB00016B/1269

9783841624628